남다른 방구석,

엄마의 새벽 4시

나 는 오 늘 도 책 상 으 로 출 근 한 다

남다른 방구석,

엄마의 새벽 4시

책장속
BOOKS

차례

나만의 정원을 가꿔라

"엄마 하늘 봐요. 예쁘지요?"

고개를 들어 위를 바라보았다. 새파랗게 맑은 하늘이 눈앞에 펼쳐져 있었다. 아침에 한바탕 전쟁을 치르고 둘째 아이와 어린이집 차를 기다리던 그때, 아이가 손가락으로 하늘을 가리켰다. 가만히 바라보고 있으니 시간이 멈춘 것 같았다. 갑자기 마음이 편안해졌다.

"엄마 꽃이에요. 예쁘지요?"

이번에는 아이가 붉게 물든 철쭉을 가리켰다. 하늘을 보고 난 뒤여서 그랬을까, 유난히 붉은 철쭉꽃의 빛깔이 더 선명하게 보였다. 아이가 어린이집 차를 놓칠까 봐 아침 내내 마음 졸인 탓에, 나는 주변을 볼 여유가 없었다. 그러나 아이는 그 순간에도 자연의 아름다움을 볼 줄 알았던 거다.

아이가 나를 보고 활짝 웃었다. 세상에서 가장 아름다운 꽃이 보였다. 바로 '웃음꽃'이었다. 환한 꽃이 보인 그 순간, 울컥했다.

'아이의 웃음만으로도 오늘이 행복하구나. 너를 낳지 않았다면 느낄 수 없었을 거야. 웃음꽃이 얼마나 마음에 풍요로움을 주는지를….'

아이는 늘 나에게 삶의 진리를 일깨워주었다. 더없이 고마운 존재다.

2015년 10월, 첫째 아이가 2살 때였다. 아이가 낮잠 잘 시간이 되면 늘 유모차에 애를 태우고 집 밖으로 나왔다. 아이가 잠든 것을 확인하고 벤치에 앉았다. 그리고 멍하니 주변을 바라보았다. 떨어진 가랑잎이 보였고, 나는 한없이 슬펐다. 떨어지는 나뭇잎만 보고도 눈물이 난다더니, 내가 딱 그랬다.

2018년 10월, 같은 공원에서 둘째 아이를 유모차에 태우고 걷고 있었다. 첫째 아이는 떨어진 잎을 주우며 신나 했다. 바람 따라 떨어지는 나뭇잎을 잡아보려 펄쩍펄쩍 뛰었다. 나는 노는 아이를 멍하니 바라보았다. 마음에 구멍이 난 걸까? 자꾸 허전했다. 내 삶은 지금보다 더 나아지기는 할까. 3년 전보다 더 바닥으로 내려앉은 기분이었다.

2021년 6월, 나는 똑같은 공원을 여전히 걷고 있었다. 첫째 아이는 학교에 갔고, 둘째 아이는 어린이집에 갔다. 어느새 두 아이가 모두 내 곁에 없었다. 벤치에 앉아 고개를 들어 위를 올려다보았다. 나뭇잎들 사이로 빛이 보였다. 심호흡하며 자연을 온전히 느꼈다. 내가 살아있다는 기분을 만끽했다. 지금 할 수 있는 것이 있어서, 이루고 싶은 것이 생겨서 그저 감사했다.

　해마다 똑같은 공원에 있었지만, 다른 사람이 된 것처럼 나는 크게 바뀌었다. 무엇으로 시간을 채우는지에 따라 다른 감정을 맛보았다. 특별히 하고 싶은 것이 없었을 때는 막막하기만 했고, 길을 잃은 것 같았다. 그럴 때는 나에게 없는 것만 눈에 보였다.

　둘째 아이를 낳고 첫째 아이의 아토피가 심해졌다. 날이 갈수록 좋아지기는커녕, 점점 나빠졌다. 길을 가다가도 피부가 좋은 아이들만 눈에 들어왔다. 그때마다 내 마음은 무너졌다. 하지만 돌이켜 보면, 아이의 아토피 덕분에 건강한 습관이 생겼다. 아이에게 집밥을 먹였고 물을 자주 마시도록 했다. 아이는 피부 외에 크게 아픈 곳 없이 자라고 있다. 툭하면 열나고, 병원에 입원했던 때와 견주어보면 완전히 달라졌다.

　피부에만 초점을 맞추었을 때는 다른 것은 보이지 않았다. 그러나 내가 할 수 있는 부분으로 시선을 돌리자, 시간이 갈수록 아이의 피부가 좋아지는 게 보였다. 지금은 사람들이 첫째 아이가 아토피로 고생했는지 잘 모른다. 물론 한 번씩 안 좋아질 때도 있지만, 진짜 심했던 때에 비하면 이제는 편안하게 넘길 정도다.

　같은 상황에 있더라도 내가 어떻게 받아들이느냐에 따라 결과는 하늘과 땅 차이였다. 나에게 없는 것에 눈을 돌릴 때는 '나는 그것이 없다, 속상하다, 불행하다, 우울하다'는 부정적인 생각이 꼬리에 꼬리를 물고 끝없이 이어졌다. 그러나 지금 나에게 있는 것, 내가 할 수 있는 것에 눈을 돌리면 생각은 180도 달라진다. '기쁘다, 감사하다, 즐겁다, 행복하다'는 단어들이 꼬리에 꼬리를 물며 연결된다.

내 마음에 어떤 씨앗을 뿌리고 키울지는 내가 정할 수 있다. 우리에게는 저마다 마음의 정원이 있다. 나는 그곳을 관리하는 사람이고, 모든 것은 내가 결정할 수 있다. 오직 나만이 그곳을 가꿀 수 있다. 다른 이들이 결코 돌봐줄 수 없다.

그곳에 뿌리는 '생각'이란 씨앗은 아주 힘이 세서 인생을 다르게 이끌 수 있다. 이 씨앗에 따라 각기 다른 열매를 맺기 때문이다. 내가 하는 '말'의 씨앗도 마찬가지다. 결국, 모든 것은 내가 선택하고, 뿌린 대로 거두게 된다. "오이를 심으면 오이를 얻고, 콩을 심으면 콩을 얻는다."는 《명심보감》의 말이 딱 맞다.

무슨 일이 잘못되었을 때 남의 탓으로 돌리면 그곳에는 불평의 씨앗만 남게 되고 원망이 절로 나온다. 반면 일이 잘못되었을 때 내가 배울 것을 찾는 태도로 임하면 어떨까? 내가 할 수 있는 일을 찾아 문제를 해결하게 된다. 이런 경험이 반복되고 쌓일수록 내 마음속 정원이 바뀐다.

나는 '육아휴직'이라는 한정된 시간 동안 해보지 않았던 많은 일에 도전했다. 그것도 한창 손이 가는 어린아이 둘을 가정 보육하면서 말이다. 가장 크게 변한 건, 주변 사람이나 환경이 아닌 내 마음의 정원이었다. 나는 오늘도 내 꿈의 씨앗을 뿌리고 정성스럽게 가꾸고 있다.

이 책은 과거의 나처럼 육아에서 오는 우울함으로 부정적인 씨앗을 뿌리고 있는 분들을 위해 쓴 책이다. 아주 작은 긍정의 씨앗을 마음의 정원에 심고 가꿀 수 있게 됐으면 좋겠다. 육아로 인해 미루고, 엄두도 내지 못하고 있었던 희미해진 자신의 꿈을 떠올려보길 바란다. 그리고 꿈을 이루기 위한 작은 습관을 만들어 실천하는 분들이 많아지길 소망한다.

책에 나온 방법을 그대로 따라 하거나 자신에게 맞게 변형해도 좋다. 지금 상황에서 최대한 쉽게 할 수 있는 행동을 정하고, 꾸준하게 연습하다 보면 나만의 정원이 조금씩 바뀌어 갈 것이다. 각 장의 내용은 다음과 같다.

1장은 한없이 우울한 생활에서 벗어나 본격적으로 나를 변화시키는 활동에 대한 이야기를 담았다. 일하면서 고민했던 퇴직 후의 삶과 육아하며 힘들어했던 모습, 그리고 정말 나를 위한 것이 무엇인지를 생각해볼 수 있다.

2장은 미라클 타임을 이해할 수 있는 내용이다. 습관, 루틴, 미라클 타임을 만들어가는 사람들의 이야기를 다루었다.

3장은 내 꿈을 생각하는 시간이다. 직업을 갖고, 아이를 키우는 것은 꿈을 이룬 게 아니었다. 진정한 내 꿈은 무엇인지, 나에게 맞게 무엇을 하면 좋은지, 이를 위해 어떤 질문을 할 수 있는지 고민해 볼 수 있다.

4장은 미라클 타임을 만들기 위해 환경을 설정하는 실전 팁이다. 내가 해야 할 일 정하기, 시간 리모델링하기, 공간 설정하기, 그리고 바로 실천할 수 있는 방법을 안내했다.

5장은 일상에서 만들 수 있는 쉬운 루틴을 제시했다. 읽으면서 바로 나에게 맞게 바꿔서 해볼 수 있도록 구성했다. 따라만 해봐도 새로운 루틴을 만들 수 있다.

6장은 온라인 모임을 만드는 실전을 다루었다. 그동안 내가 좋은 습관을 만들 수 있었던 것은 함께하는 사람들이 있었기 때문이었다. 지금도 코로나의 영향으로 사람들을 밖에서 편안하게 만나지는 못한다. 그러다 보면 단절된 느낌이 들 수 있다. 이때 나와 관심사가 비슷하고 같은 목표를 가진 사람들과 함께하면 우울하고 어려운 시기를 극복할 수 있다. 어떻게 모임을 만들 수 있는지에 대해 하나부터 열까지 세세하게 다루었다.

7장에서는 앞으로의 내 꿈과 인생의 방향을 이야기한다. 내 마음을 토닥이고, 나도 미라클 타임을 만들어야겠다고 다짐할 수 있도록 했다.

이 책이 나오기까지 많은 분들의 도움이 있었다. 먼저 이 책을 알아봐 주신 책장속북스 신호정 대표님께 감사한 마음을 전한다. 그리고 하고 싶은 일을 하는 며느리와 딸을 지지해 주시는 양가 부모님께 감사드린다. 새벽에 글 쓰는 동안 아이들 곁에 있어 주고, 내가 하는 도전을 온전히 응원해주는 남편에게 감사하다. 빈틈 많은 엄마와 같이 건강하게 자라고 있는 첫째 하민, 둘째 지민에게도 고맙다. 또 책을 낼 때마다 적절하게 도움을 주신 아레테인문아카데미 임성훈 작가님에게 감사하다.

마지막으로, 지금 이 책을 읽고 있는 독자분들께 가장 감사하다. 여러분들이 있어 책이 세상에 나올 수 있었다. 정말 고맙다. 이 책이 지금 힘들어하고 있는 당신의 마음을 토닥이고, 아주 작은 한 발자국을 내딛는 씨앗이 될 수 있기를 바란다.

"운명은 우리를 행복하게도, 불행하게도 하지 못한다. 단지 우리의 영혼에 재료와 씨앗을 주어 더욱 강해진 영혼이 원하는 대로 향하고 실행할 수 있게 할 뿐이다."

《몽테뉴의 수상록》에 나오는 말처럼 내 영혼에 뿌려진 씨앗으로 마음의 정원을 아름답게 가꿀 수 있다. 어떻게 하면 좋을까? 그 답은 당신에게 있다. 나는 앞으로 당신과 함께 만들어갈 소중한 그곳을 꿈꾼다. 셀 수 없이 많은 향기로운 정원이 우리 앞에 펼쳐질 것이다.

사랑과 감사를 담아
지에스더

1장 엄마로만 살지 않기로 결심하다

1
내가 또
육아휴직을 하게 될 줄이야

"좋아요. 둘째 아이를 낳기로 해요."

3년 만에 결심했다. 드디어 쳇바퀴처럼 돌던 고민을 끝냈다. 그동안 남편과 나는 둘째 아이를 낳는 것에 대해 의견이 달랐다. 남편은 적어도 아이가 둘은 있어야 한다고 주장했고, 나는 그 말에 동의하지 않았다.

'한 명 키우는 것도 힘들고 마음 쓰이는 일이 많은데, 둘이라고?'

'복직해서 이제 겨우 적응하고 있건만, 이 모든 걸 다시 해야 한다

고?'

도저히 엄두가 나지 않았다. 신생아 육아부터 새로 시작해야 한다니, 입에서 못하겠다는 말이 절로 나왔다.

'지금 아이 하나 키우는 것도 버겁단 말이야! 이것만으로도 고민투성이라고. 계속 헤매고 있는데, 둘째까지 어찌 감당하냐고. 당신이 키울 거 아니니까 그러는 거 아니야!'

남편이 둘째 아이 이야기를 꺼낼 때마다 내 속에서 불평불만이 끝없이 터져 나왔다. 한 명만 키우겠다는 단호한 내 태도에 남편도 점점 둘째 이야기를 꺼내지 않았다.

'지금도 충분해. 난 아이 하나만 잘 키울 거야!'

하지만 이상했다. 머리로는 하나만 키울 거라 정했지만, 마음에서는 수시로 갈팡질팡했다.

'그래도 둘은 키워야 하는 거 아닐까? 아니야, 됐어. 지금도 힘들잖아.'

끝나지 않는 도돌이표였다. 둘째 아이를 낳을지 말지 결정하는 문제가 왜 이리도 어려운 걸까….

"둘째 아이 키우는 거 어때요?"

지인들에게 물어봤다. 사람마다 조언이 달랐다.

"에이, 하나만 키워도 되지 뭐. 요즘 애 한 명 키우는 데 돈이 얼마나 들어가는데."

"하나만 키워도 잘하는 거야. 워킹맘으로 애 하나 감당하기 얼마나 힘드냐."

"둘은 있어야 해. 애 혼자 크려면 외로워."

"낳을 거면 한 살 더 어릴 때 낳아라. 나이 더 들면 여기저기 몸 쑤신다."

"초반에만 힘들지, 시간 조금 지나면 자기들이 알아서 커."

다른 사람들의 의견을 들어보면 다 맞는 말 같았다. 낳아도 그만, 안 낳아도 그만인, 이 문제로 나는 3년째 씨름하고 있었다. 그래도 한 살 더 먹기 전에 결정을 내리는 게 맞다. 애를 낳는 것보다 키울 때 체력이 어마어마하게 필요하니까.

"애 한 명 낳아서 후회하는 사람은 봤어도, 둘 낳고 내가 애를 왜 이렇게 많이 낳았지? 하는 사람은 못 봤다. 나도 셋 낳지 못한 게 아쉬워."

"지금이야 너무 힘들어서 그렇다만, 아이가 어느 정도 크면 그때 한 명 더 낳을걸… 내가 왜 그랬을까." 하는 후회가 저절로 나온다. 당연히 그럴 수 있겠다. 친정 엄마의 말을 들으니 또 다른 깨달음이 왔다. 내가 임신하고 싶다고 아이가 바로 생기는 것도 아니잖아?

나는 시작부터 단추를 잘못 끼우고 있었다. 내가 둘째를 임신할 수 있을지도 모르면서 머릿속으로 둘째를 낳고, 앞으로 닥칠 힘든 일들만 상상하며 고민했던 거다.

'그래, 정말 마지막이야. 딱 한 명만 더 낳고, 이 고민을 끝내자.'

"…우리 둘째 아이를 낳아요. 그 이상은 없어요."

"여보가 하도 안 낳겠다고 하니까, 포기했었는데… 고마워요."

남편은 내 말을 듣고 크게 기뻐했다. 몇 개월 뒤, 나는 둘째를 임신했다. 내가 마음먹기만을 바랐던 것처럼, 2018년 2월에 귀여운 여자 아기 천사가 우리 가정에 찾아왔다. 첫째 아이도 2월에 태어났으니 두 아이를 모두 같은 달에 낳은 셈이다.

그렇게 두 번째 육아휴직을 맞이했다. 첫째 아이를 키울 때도 육아휴직을 2년 했다. 당시에는 둘째 계획이 없었기에 그게 내 인생 마지막 육아휴직이 될 줄 알았다. 그랬던 내가 육아휴직을 다시 하게 될 줄이야…. 그것도 3년 8개월이란 시간을 말이다.

3년 8개월의 육아휴직은 내 인생을 완전히 리셋하게 해주었다. 그 전의 습관, 태도, 인생을 바라보는 눈을 송두리째 바꾸어 놓은 것이다. 나는 육아휴직 중, 2년 넘게 새벽 4시에 일어나는 미라클 모닝을 지속했다. 《토지》,《혼불》,《태백산맥》을 부분 필사하며 완독했다. 그리고 2년 동안 책 3권을 출간했고 지금은 이 책을 쓰고 있다.

내 인생에서 예상하지 못했던 일들이 다양하게 일어났던 시간이었다. 다시 하게 된 육아휴직은 내 인생의 2막을 열어주고, 또 새로운 이력을 만들어주었다. 그야말로 놀라운 미라클 타임이었다.

2020년 기준 우리나라 출산율은 0.84명이다. 출산율이란, 여성 1명이 평생에 걸쳐 낳을 것으로 예상되는 평균 출생아 수를 말한다. 1970년부터 시작한 통계 작성에서 2020년에 가장 낮은 값을 기록했다. 이는 경제협력기구(OECD) 37개국 가운데 가장 낮은 수치이며, 유엔인구기금(UNFPA)에서의 조사 대상 198개 국가 중 꼴찌다.

낮아진 출산율은 여전히 높아지지 않고 있다. 언론에서는 '왜 이렇게 아이를 낳지 않고 있나', '이렇게 출산율이 낮아서 되겠냐'고 계속 떠든다. 그러나 아이를 낳을지 고민하는 가정을 위해 누구 하나 나서서 아이 양육을 도와주겠다고 말하지 않는다. 정부가 제공하는 제도가 좋아지고 있다고 하지만, 여전히 아이를 키우는 건 대부분 엄마의 몫이다.

안 낳는 건지, 못 낳고 있는 건지. 그 속은 아무도 모른다. 가정마다 사정은 다르기에 왜 한 명도 안 낳느냐고 함부로 말할 수 없다. 나 역시 둘째 아이 낳는 것과 육아휴직을 심각하게 고민했다. 신문 기사에 나온 통계만 보고 요즘 젊은 사람들이 출산을 꺼리는 것은 문제라며 단정해서 말할 수 없다. 진짜 사정은 저마다 다르기에.

이제는 맞벌이 시대로, 여성들은 대부분 워킹맘을 경험한다. 하지만 일하면서 아이도 키우며 산다는 게 말처럼 쉽지 않다. 그런 이유로 육아 때문에 일을 그만둬서 경력이 단절되는 이들도 수없이 많다. 또한, 육아휴직으로 한동안 돈을 벌 수 없어서 겪을 가정 경제 상황도 불안감을 자아낸다. 나는 다른 사람은 경력을 쌓고 있을 때, 나만 육아로 경력이 단절되는 것을 다시 경험하고 싶지 않았다. 무엇보다 워킹맘으로 아이 하나 키우기도 버거웠기 때문에 둘까지는 감당하기 힘들겠다고 생각했다.

아이를 낳을까 말까로 고민하는 가정이 많다. 아이를 더 낳고 싶어도 그럴 수 없는 이들도 있을 테고 말이다. 출산율 숫자와 통계는 객관적 자료일 뿐, 그 안에 담긴 수많은 스토리를 말해주지 않는다. 가정마다 가진 깊은 속사정은 들여다봐야만 알 수 있다.

분명한 건 저마다 자신의 상황에 최선을 다해 살고 있다는 것이다. 본인이 선택한 결과에 따라 서로 다른 경험을 하게 될 뿐이다. 그러므로 무엇을 하든 나에게 맞게 결정하는 힘을 기르는 것이 필요하다.

"일찍이 그 어떤 사람도 완전히 자기 자신이 되어본 적은 없었다. 그럼에도 누구나 자기 자신이 되려고 노력한다."

《데미안》을 쓴 헤르만 헤세는 말했다. 돌아보면 내가 결정한 일은 결국 나 자신이 되기 위해 노력하는 발걸음이었다. 나는 예측할 수 없는 미래가 두려워서 피하려고만 했다. 일어나시 않은 일을 미리 걱정했다. 그러나 나에게 맞게 결정하고, 인생을 스스로 책임지자 새로운 인생이 열렸다. 남들이 뭐라 하든 말든 나는 내 삶을 살 뿐이었다. 아무도 대신해서 살아주지 않았다. 인생에서 벌어지는 수많은 일을 수습하는 것도 나였다. 둘째 아이를 낳고 육아휴직 한 것도 내가 선택한 일이다. 남에게 결정권을 넘기지 않고 나 자신이 되려 할 때 진정한 변화가 일어났다. 비로소 나 자신이 되는 항해를 할 수 있었다. 내 인생의 열쇠는 바로 나 자신에게 있다.

2

롤러코스터 같은
독박육아의 현장

방에서 첫째 아이가 크게 우는 소리가 들렸다. 평소 놀다가 울 때와는 다른 울음소리였다. 가서 아이를 보니 입에서 피가 흐르고 있었다. 놀란 마음을 진정시키고 아이를 가만히 살펴보니, 앞니가 살짝 안쪽으로 누워 있었다. 나는 바로 치과에 전화했다.

"아이 입에서 피가 나요. 지금 가면 진료 볼 수 있나요?"

다행히 바로 오면 된다고 했다. 자고 있는 둘째 아이를 번쩍 안아 유모차에 태웠다. 한 손으로는 유모차를 끌고 다른 한 손으로는 첫째 아이의 손을 잡았다. 두 아이를 조심스럽게 차에 태우고 치과까지 운전했다. 내가 마치 구급차가 된 기분이었다.

당장 치과로 날아가고 싶을 만큼 마음이 다급했다. 하지만 내가 운전을 해서 가야 했기에 심호흡하며 차분해지려 노력했다. 신호등 앞에 멈추게 되면 의식적으로 깊게 호흡했다. 초조한 마음에 순간 실수하지 않도록 마음 다잡기를 여러 번 반복한 후에야 무사히 치과에 도착했다.

"6~7살 때의 남자아이들은 격하게 놀다가 앞니가 빠지는 경우가 종종 있어요. 2주 동안 이가 잘 붙을 때까지 앞니로 먹지 않게 해주세요."

아이는 그 말을 귀 기울여 들었고, 스스로 먹을 때 조심했다. 남편이 곁에 없어도 급박한 상황에 차분하게 해결하는 것을 배울 수 있었다. 이처럼 예상치 못한 상황이 언제라도 벌어질 수 있는 곳, 바로 독박육아의 현장이다.

24개월이 지나면서 둘째 아이는 뭐든 자기가 하겠다고 "내가 할 거야!"를 외치곤 했다. 엄마가 조금이라도 도와주려 하면 생떼를 부리고 뒤집어지기 일쑤였다. "내가!!!" 소리치며 드러누워 고래고래 울었다. 게다가 둘째 아이는 첫째 아이보다 더 강하게 자기주장을 했다.

딸은 오빠가 혼자서 콘플레이크에 우유를 부어 먹는 것을 보았다. 첫째 아이를 따라 제 손으로 하려고 했다. '저러다가 흘리지…'

싶어 봉지를 살짝 붙잡아주려고 했다. 그런 나를 보더니 아이는 콘
플레이크 봉지를 획 가져갔다. 그러다 바닥에 쏟았다.

나는 아이가 실수하며 배운다는 사실을 떠올리며 평정심을 유지
하려고 노력했다. 아이에게 줍는 경험을 가르쳐줘야겠다는 마음으
로 흘린 콘플레이크를 같이 담았다. 아이는 하는 둥 마는 둥 하더니
갑자기 그릇에 우유를 부었다. 그리고 내가 보지 못한 사이 우유를
붓다가 놓쳐버렸다. 결국, 바닥에 우유를 흘렸다. 콘플레이크를 다
줍지도 못했는데 우유까지 흘리다니.

내 체력이 괜찮은 날에는 그래도 부드럽게 말했다.

"우유 흘렸네. 어떻게 해야 하지?"

그러나 내 몸이 피곤한 날에는 어김없이 큰 소리가 나갔다.

"당장 수건 가져와서 닦아!!!"

"엄마 미안해요."

아이는 침울한 표정을 한 채 수건으로 바닥을 닦았다. 나는 아이
의 표정을 본 뒤에야 '아차' 싶었다. 조금 더 감정을 조절했어야 했는
데… 후회가 밀려왔다. 이러다가 우리 아이의 정서에 안 좋은 영향
을 주면 어쩌나 걱정했다.

예상치 못한 상황이 벌어지면 머리가 움직이지 않는다. 나도 모
르게 습관대로 말하고 행동한다. 좀 더 차분하게 아이의 실수나

갑작스러운 상황을 대처하고 싶은데⋯. 아이의 어이없는 행동까지 따스하게 받아주고 품어주고 싶지만, 현실에서는 그게 잘 안 된다.

밤에 누워 오늘 아이에게 한 일을 곱씹다 보면 마음은 더 불편하다. 늘 부족한 엄마라 아이에게 미안하다. '엄마인 내가 좀 더 참았어야 했는데. 다음에는 따스하게 말해줘야지.' 다짐하고 나서야 겨우 잠이 든다. 하지만 아이는 같은 실수를 반복한다. 아니면 전혀 예상치 못한 새로운 문제 환경을 만들어주기도 하고 말이다. 그럴 때마다 나는 어김없이 폭발한다. 왜 마음먹은 것처럼 안되는 걸까?

《해빗》에 스트레스와 습관의 관계를 밝힌 실험이 나온다. 연구팀은 대학생을 두 그룹으로 나누었다. 한쪽은 스트레스 상황을 만들어주었다. 얼음물에 3분 동안 손목까지 담그고 최대한 참아보도록 한 것이다. 반면, 다른 쪽에는 스트레스 상황을 주지 않았다. 적당히 따스한 물에 손을 담그게 했다. 그 뒤 두 팀에게 컴퓨터 과제를 시켰다. 참가자들은 올바른 정답을 선택하면 오렌지 주스나 초콜릿 우유를 한 모금 마실 수 있었다. 다만, 51번 과제부터는 보상을 주지 않았다.

초반에 문제를 맞히고 보상받을 때는 두 집단 사이 큰 차이가 보이지 않았다. 하지만 보상이 없어지자 결과는 달랐다. 스트레스를 받지 않았던 집단은 5번 정도가 되자 이제는 보상을 주지 않는다는 사실을 알아차렸다. 그 뒤로 보상을 받기 위해 여러 새로운 시도를 하는 모습이었다. 반면, 스트레스를 받았던 집단은 보상이 멈추어도 전과 똑같이 행동했고, 다르게 도전하지 않았다.

스트레스를 받으면 우리의 뇌는 습관에 의존해 자동모드 쪽으로 기울어진다고 한다. 그렇기에 생각하지 않고 기존 습관대로 행동하는 것이다. 즉, 스트레스가 심할수록 뇌에서 올바른 판단을 내릴만한 충분한 시간의 여유가 없다는 의미다. 그래서 습관이 중요하다.

육아하다 보면 끝도 없는 스트레스 상황에 놓이기 마련이다. 아이가 어릴수록 제대로 자지 못하고, 제때 먹지 못해 밥을 챙겨 먹는 둥 마는 둥 하게 된다. 게다가 화장실도 마음 편히 가지 못한다. 아이의 눈에 엄마가 보이지 않으면 우는 시기에는, 아이를 안고 화장실에 가서 볼일을 볼 정도다.

이제 좀 쉬려고 앉으면 아이는 놀아달라고 온몸에 매달린다. 그리고 책을 읽어달라고 가져온다. 그러면 온갖 인내심을 끌어모아 읽어준다. 집안 꼴을 보면 전쟁터다. 저건 언제 치워야 하나. 손가락 하나를 들 힘도 없는 것 같다.

해가 질 무렵이 되면 정신력으로 버티고 있는 기분이다. 얼른 누워서 자고 싶다. 오늘도 아이보다 먼저 기절해서 잠이 든다. 육아 퇴근은 언제 해보나. 애 보고 집안일 하다 보니 하루가 다 간다. 집안일도 깔끔하게 해야 하고 아이도 잘 키워야 할 것 같은데. 뭐 하나 제대로 하는 게 없는 모습이다.

　SNS로 엄마표 놀이, 잘 차린 밥상, 깔끔한 집들을 보다 보면 힘이 빠진다. 내가 자꾸 부족하다는 마음이 든다. 지금보다 더 열심히 해야 할 것 같다. 하지만 독박육아에 집안일 하며 아이 돌보기까지 하다 보면 힘겹기만 하다. 남들 눈에 보기에도 잘 키우고 싶으니 스트레스가 계속 쌓인다.

　그러다가 2019년 12월에 나타난 코로나로 인해 아이들이 기관에 가지 못하고 집에만 있어야 하는 시간이 확 늘었다. '돌밥돌밥'이라는 신조어가 나왔다. '돌아서면 밥을 짓는다'는 뜻이다. 그리고 온라인 개학과 원격수업이라는 새로운 교육 형태가 나타났다. 아이를 학교에 보내면 그래도 좀 나았다. 하지만 이제는 아이들이 집에 머무르는 시간이 길어져 끼니를 챙겨주기 위해 많은 시간을 보내야 하는 상황이 되었다.

　유치원부터 고등학교까지 등교를 제한했다. 그러면서 엄마의 부담도 덩달아 높아졌다. 한국노동연구원 '노동 리뷰' 보고서에 따르면 코로나19 전 하루 평균 9시간 6분이던 전업주부의 돌봄 시간이 12시간 38분으로, 3시간 32분이 늘었다고 한다. 거기에 아이의 원격수업까지 살펴주어야 하는 책임까지 더해졌다.

　코로나에 스트레스, 우울, 화가 나는 상황이 합쳐진 '코로나 블루', '코로나 앵그리'란 말은 다 내 이야기 같다. 그러나 내가 어떻게 할 수 없는 상황이야말로, 나를 바꾸고 새로운 습관을 만들기에 좋은 환경이 될 수 있다.

"고요함 속에서 고요한 것은 진정한 고요함이 아니다. 움직이는 곳에서 고요할 수 있어야 비로소 성품의 참모습이 된다."

《채근담》에 나온 말이다. 이런 버라이어티한 독박육아 현장에서 우리는 다양한 성품 기르기를 연습할 수 있다. 육아는 순간 대처 능력, 평정심 유지, 인내심을 기르기에 더없이 좋은 배움터다. 아이가 자랄수록 내 뜻대로 되지 않는 게 더 많아진다는 것을 깨닫는다. 바꿀 수 있는 건 오직 나 자신뿐이다. 그래서 내가 할 수 없는 일에는 마음을 내려놓는다. 대신 할 수 있는 것에 눈을 돌린다.

가장 먼저 내 생활 습관부터 바꾸었다. 두 아이 독박육아로 너무 우울해서 시작한 게 고전 필사와 글쓰기였다. 새벽 4시에 일어났다. 새벽마다 홀로 깨어서 글을 썼다. 글이 모여서 책으로 세상에 태어났다. 그렇게 나만의 '미라클 타임'을 만들게 되었다.

오늘도 미라클 타임으로 꿈을 꾸고 도전한다. 인생을 나답게 디자인하며 하루를 보낸다. 미라클 타임을 만들 수 있었던 건 버라이어티한 독박육아를 온몸으로 체험했기 때문이다. 육아휴직 동안 했던 경험은 나에게 돈으로 살 수 없는 소중한 배움이다. 육아는 내가 좋은 습관을 기르고 성장하는 데 있어 가장 좋은 선생님이다. 그리고 아이들은 내 인생을 확 바꿔준 귀한 선물이다. 당신은 롤러코스터 같은 독박육아 현장에서 무엇을 배우며, 나를 바꾸고 싶은가?

3
오늘도 나는 지하 100층 땅굴을 파는 중입니다

우리 집에는

닭도 없단다

다만

애기가 젖 달라 울어서

새벽이 된다

우리 집에는

시계도 없단다

다만
애기가 젖 달라 보채어
새벽이 된다

윤동주 《애기의 새벽》

새벽에 첫째 아이의 울음소리에 잠이 깼다. 둘째 아이 신생아 육
아를 다시 시작하면서 나는 새로운 어려움을 만나게 되었다. 바로
첫째 아이의 아토피였다. 첫째 아이는 내 임신 소식을 듣고 난 뒤부
터 다리 접힌 곳과 팔 접힌 곳을 심하게 긁기 시작했다. 밤에는 등이
나 머리를 긁어 주어야 잠이 들었다.

둘째 아이가 태어나자 첫째 아이의 상태는 더 나빠졌다. 자다가
짜증을 내며 여기저기 벅벅 긁어댔다. 제 살을 긁어대다가, 결국에
는 울음으로 마무리. 밤새 긁고, 짜증 내고, 우는 아이 소리에 나는
제대로 잘 수 없었다. 신생아 육아보다 첫째 아이 아토피로 잠 못 자
는 스트레스가 더 심했다.

동생이 생겨서 그런가 보다 싶었다. 그래서 첫째 아이의 마음을
더 읽어주려고 노력했고, 아이와 단둘이 시간을 보내려고 했다. 하
지만 시간이 갈수록 아이의 피부는 더 안 좋아졌고, 다리 접힌 곳과
팔 접힌 곳은 상처가 낫지 않았다. 나는 최선을 다하는 것 같은데 아
이의 피부는 점점 안 좋아졌다. 그럴수록 우울했다. 나는 지하로 땅

굴을 파고 계속 내려갔다.

첫째 아이는 나를 힘들게 하려고 이 세상에 온 아이 같았다. 밤에 진짜 잠을 자지 않는 아이였다. 100일 전까지는 밤 12시만 되면 너무 심하게 울었다. '또 밤이 왔어. 무서워.' 초보 엄마에게 밤만 되면 악을 쓰는 아이를 돌보는 건 너무나도 두려운 일이었다.

100일의 기적은 나에게 아침의 기절을 선물했다. 밤에 제대로 자지 못하고, 아침이 밝아올 때 잠들었다. 어떤 날은 아이가 밤 12시부터 아침 7시까지 10번도 넘게 깬 적이 있었다. 그런데 새벽에 우는 애를 업고 현관문을 열면 신기하게 울음을 멈추는 것이 아닌가. 그래서 추운 겨울이 오기 전까지는 아이가 새벽에 울면, 업고 밖에 나갔다. 아파트 복도를 걸으며 눈물이 났다. '도대체 얘는 언제 통잠을 자나, 왜 이렇게 안 자는 거야. 남들 집 애들은 잘만 잔다는데.' 밤에 잘 안 자는 아이는 하나도 예쁘지 않았다.

그래도 복직만 하면 된다며 그날만 손꼽아 기다렸다. '빨리 이 시기를 벗어나고 싶어. 조금만 참고 견디면 돼. 곧 끝이 올 거야!' 를 되뇌며 이겨냈다. 하지만 복직한 뒤에는 더 큰 어려움이 나를 기다리고 있었다. 이제는 아이가 자주 아팠다. 복직하자마자 열이 계속 나서 입원까지 했다. 일하며 입원한 아이를 돌보는 건 더 힘들었다. 그 뒤로도 아이는 자주 아팠다. 친정과 시댁은 모두 멀리 있었다. 지인에게 맡길 때마다 내가 죄인이 된 기분이 들었다. 복직만 하면 다 해결되는 건 줄 알았는데, 그게 아니었다. 그래도 아이와 나는 점점 적응했다. 3살보다 4살 때는 덜 아팠다. 이제 조금 살겠다 싶었다.

그런데 이번에는 아토피로 나를 힘들게 하는 게 아닌가. 이 아이는 왜 이렇게 나를 힘겹게만 하는 걸까. 그건 아이의 잘못이 아닌데. 자꾸 아이를 탓하는 내가 싫었다. 저녁마다 아이에게 "엄마가 화내서 미안해"라고 사과하는 것도 멈추고 싶었다.

머리로는 '그래도 감사해야지' 생각했다. 그러나 마음에는 닿지 않았다. 오히려 이런 상황일지라도 감사하지 못하는 나를 한없이 비난했다. 심지어 죽어버리고 싶다는 생각까지 들 정도였다. 다른 사람은 다 잘살고 있는 것 같았다. 나만 이렇게 육아로 인한 우울로 지하 100층 땅굴을 파고 있는 걸까?

인구보건복지협회가 2018년 5월에 20~40세 기혼여성 1300명 대상으로 한 '저출산 인식 설문 조사' 결과를 발표했다. '산후우울증으로 아이를 거칠게 다루거나 때린 적이 있다'고 답한 이가 무려 50.7%(659명)였다. 게다가 33%(429명)는 '자살 충동을 느낀 적이 있다'고 했다. 심지어 26명(2%)은 실제 자살을 시도했다고 나왔다. 그렇다면 코로나19가 나타난 뒤로 육아 우울감은 어떨까?

2020년에는 경기연구원에서 '코로나19로 인한 국민 정신건강 설문 조사'를 했다. 코로나19로 불안하거나 우울하다고 응답한 비율은 45.7%였다. 그중 우울감이 가장 높은 직업은 '전업주부'였다. 비율이 59.9%로 평균보다 14.2%나 높았다. 실제 나의 경우에도 코로나19로 아이들과 함께 집에 있는 시간이 늘면서 스트레스가 높아졌다. 집에서 온종일 아이만 봐야 하는 육아는 퇴근 없는 일상, 출구가 보이지 않는 터널 속에 있는 것 같은 마음이 들게 했다.

그렇다면 엄마의 육아 스트레스가 심할 경우 육아에 어떤 영향을 줄까? 한 연구에서는 엄마가 아이에게 공감하기 어렵다는 결과가 나왔다. 싱가포르 난양기술대 팀에서 싱가포르에 있는 31쌍 엄마와 아이를 대상으로 설문 조사한 적이 있다. 실험에 참여한 엄마는 육아 스트레스의 정도를 표시했고, 실험하는 동안 아이는 엄마와 함께 애니메이션을 봤다. 그리고 연구팀은 엄마의 두뇌 활동을 살펴보았다.
육아 스트레스가 많다고 답한 엄마들의 뇌는 동기화가 덜했다. 연구팀은 이들의 뇌 동기화를 측정하기 위해 전두엽 피질을 관찰했다고 한다. 참고로 전두엽은 다른 사람의 생각을 이해하는 능력과 관련 있는 부분이다. 엄마와 아이가 서로 감정을 잘 이해하면 전두엽 피질에서 유사한 뇌 활동이 관찰되었다. 그러나 아이의 감정을 이해하지 못한 경우에는 동기화 현상이 보이지 않았다. 육아 스트레스가 부모와 아이 사이 관계를 악화시킨다는 결과였다. 그러므로 이 연구에서는 엄마와 아이의 친밀도를 높이기 위해 엄마의 정신 건강을 관리하는 것이 중요하다고 밝혔다.

아이의 잠, 아토피, 코로나19와 같은 외부 환경에 눈을 돌렸을 때 나는 더 우울했다. 날마다 지하 100층 땅굴을 파고 있었다. 도대체 끝이 있기는 한 걸까? 내 인생은 온통 암흑 속에 있는 것 같았다.

나는 두 번째이자 마지막으로 생긴 휴직 기간을 다르게 살고 싶었다. '남 탓하기', '환경 탓하기', '나를 피해자로 바라보기'는 이제 그만 하고 싶었다. 처음 휴직했을 때도 복직이 내 탈출구가 되어줄 거라 믿었지만 아니었다. 오히려 새로운 환경에서는 또 다른 문제가 더해 질 따름이었다.

바깥으로 눈을 돌렸을 때는 내가 무엇을, 어떻게 해야 할지 답을 찾을 수 없었다. 당연한 거였다. 그건 내가 통제할 수 없는 부분이었 기 때문이다. 그래서 바라보는 방향을 바꾸었다. 나 자신에게 온전 히 집중하자, 비로소 나에게 맞는 길을 찾을 수 있었다. 그리고 지하 100층 땅굴에서 올라오는 사다리를 내 손으로 하나씩 놓을 수 있었 다.

"사람은 자기 인생의 의미를 이해하지 못하면 못할수록 관습에 점 점 강하게 지배되는 것이다."

톨스토이가 말했다. 육아는 힘들었고 나를 우울하게 만들었다.

그럴수록 내 마음은 지하로 더 내려가기만 했다. 남 탓하고 아이에게 화내고 사과하는 것만 반복했다. 하지만 곰곰이 생각해보면, 모든 것은 내가 선택한 일이었다. 누가 억지로 등 떠밀어서 한 게 아니었다.

외부 환경의 변화는 내가 통제할 수 없는 부분이었다. 나는 그걸 있는 그대로 받아들이고, 거기에서 내 인생의 의미를 하나씩 찾기로 했다. 돌아보면 그것들은 내가 성장하고 바뀌는 데 꼭 필요한 재료였다. 지하 100층 땅굴을 파던 시기가 있어 지금의 나도 있게 된 거다. 지하 바닥은 이제 천천히 올라갈 일만 남았음을 의미하는 것이었다.

4
퇴직하면
뭐하고 살지?

"없어. 아무리 뒤져봐도 없어. 그냥 먹고 싸고⋯ 대한민국은 50
년 동안 별일을 다 겪었는데. 인간 박상훈의 인생은 50년간 먹고 싸
고⋯ 징그럽게 먹고⋯ 싸고⋯ 그래서 만들려고! 기억에 남는 기똥찬
순간이 있어야 할 것 같아. 뭐라도 해서 만들어 넣어야 덜 헛헛할 것
같아."

최근에 남편이 권했던 드라마 〈나의 아저씨〉를 보았다. 거기에는
50대 아저씨들이 나왔다. 예전에 은행지부장을 했던 사람, 자동차

연구소 소장을 했던 사람, 제약회사 이사를 했던 사람, 대기업을 다녔던 남자들이었다. 그런 그들이 50대가 되어서는 모텔에 수건을 대고, 미꾸라지를 수입하고, 백수로 살았다. 그리고 저 대사를 했던 상훈은 동생과 청소하고 있다.

학창 시절 열심히 공부하고 좋은 직장을 얻으면 되는 줄 알았다. 무조건 열심히 했다. 그랬더니 먹고 싼 기억 밖에 나질 않는단다. 휴직하기 전에 내가 가장 크게 고민했던 주제가 있었다. '퇴직하면 뭐하고 살지?'였다.

나는 특수교사 임용고시만 합격하면 인생 과제를 다 해결할 수 있을 줄 알았다. 대학교 4학년 때 합격을 위해 새벽 5시에 일어나 잠들기 전까지 공부만 죽어라 했다. 내 인생에서 이토록 치열하게 살았던 적이 있을까 싶다. 그렇게 나는 초등 특수교사가 되었다. 이제 고민 끝, 꽃피는 인생 시작일 줄 알았다. 돈을 벌면 더이상은 돈 걱정 없이 살게 될 거라 여겼다. 하지만 현실은 아니었다.

월급은 그저 스쳐 지나가는 흔적일 뿐이었다. 벌이가 늘어나도 저축액은 늘지 않았다. 씀씀이만 커졌다. 결혼해서 둘이 벌면 더 나아질 줄 알았지만, 오히려 아이를 낳고 나니 돈 걱정을 더 하고 있었다. '언제까지 특수교사로 일할 수 있을까?' 막막한 질문이 내 마음속 깊은 곳에서 올라왔다. 답답했다. 나보다 더 오래 일한 지인 교사에게 물어봤다.

"선생님, 퇴직하고 뭐하실 거예요?"

"글쎄. 귀농이나 할까. 시골에 내려가 농사짓고 살면 좋겠어. 그런데 아직 뒷바라지해야 하는 애들이 3명이나 되니. 계속 일해야겠지? 나도 모르겠다. 뭐 하면 좋을지."

그 선생님도 나와 같은 고민을 하고 있을 줄이야. 생각할수록 걱정스럽고 두려웠다. 아이들이 독립하기 전까지 내가 돈을 벌어야 할 텐데. 그러다 덜컥 다쳐서 일을 못 하게 되면 어떡하지. 지금보다 더 돈을 많이 모아놔야 하나. 얼마나 모아야 퇴직하고 마음 편안하게 살 수 있을까. 나만 이런 고민을 하며 사는 걸까.

코로나19로 새로운 변화가 일어나고 있다. 신한은행이 발표한 '보통 사람 금융 생활 보고서 2020'에 따르면 2019년에 투잡족은 10.2%다. 게다가 10명 중 5명은 앞으로 투잡을 하고 싶다고 답했다. 투잡에서 나타난 새로운 특징 중 하나는 'N잡러'의 출현이다. (N잡러는 직업 숫자 'N'과 직업을 뜻하는 '잡(job)', 사람을 가리키는 말인 'er'이 합쳐진 말이다.)

그동안은 직장만으로 벌이가 부족한 사람이 부족한 수입을 보충하기 위해 부업을 한다고 생각했다. 자신의 흥미보다는 벌이에 더 관심을 가졌다. 하지만 내 생각과는 다르게 N잡러는 현재 직장에서 채울 수 없는 자기계발이나 자아실현을 더 중요하게 생각하는 경우가 많았다.

나는 두 번째 휴직 기간에 그동안 안 했던 새로운 것들에 도전해 보고 싶었다. 날마다 우울하다는 마음으로 하루하루를 보내고 싶지 않았다. 24시간 내내 아이들과 붙어있으니까 스트레스만 높아졌다. 그래서 아무도 나를 찾지 않는 공간에서 자유롭게 생각해볼 시간이 필요했다. 그러기 위해 무조건 밖으로 나가기로 했다.

심리학에서 브레인스토밍처럼 새로운 아이디어를 낼 때는 밖에 나가는 게 더 좋다고 한다. 발상의 전환을 위해 공간을 바꿔보는 것이다. 또한, 즐겁고 행복한 분위기에서 맛있는 것을 먹고 난 다음에 생각하는 게 낫다고도 한다.

토요일 오전에는 남편에게 아이를 맡기고 나 혼자 보내는 시간을 가지게 되었다. 내가 좋아하는 카페로 아침 일찍 출근해 좋아하는 차와 샌드위치를 먹었다. 매주 잘 보낸 나를 칭찬했다. 아주 대견하게 여겨주었다.

주마다 내 일상을 정리하며 나 자신을 파악하기 시작했다. 나는 무엇을 좋아하는지, 어떤 것을 해볼 수 있는지. 도전해보고 싶은 건 뭐가 있는지, 새롭게 알아가는 시간으로 보냈다. 그러다가 우연히 디지털노마드를 알게 되었다.

'디지털노마드'는 '디지털(digital)'과 '유목민(nomad)'을 합친 말이다. 그들은 인터넷 접속이 되는 곳이면 어디서든 자유롭게 일할 수 있다. 필요한 건 노트북, 스마트폰 같은 디지털 기기다. 흥미로웠다.

집에서 아이를 키워도 할 수 있을 것 같았다. 디지털노마드로 가장 쉽게 시작하는 게 블로그였다. 그래서 블로그를 배웠다.

이어서 온라인 독서모임을 하게 되었다. 그곳에서 '서평단'을 새롭게 알게 되었다. 휴직했기 때문에 한 푼이라도 아껴야 하는 시기였다. 서평단 참여로 새 책을 받을 수 있었다. 내 돈으로 사지 않아서 좋았다. 하다 보니 내가 글쓰기를 좋아한다는 것도 깨달았다.

어느 순간 '나도 책을 쓰면 좋겠다'는 마음이 생겼다. 간절하면 통한다는 말이 딱 맞았다. 어느새 나는 책 쓰기를 배우고 있었다. 그렇게 2019년 2월, 첫 책을 썼다. 그리고 지금 4번째 책을 쓰고 있다. 새벽 4시에 홀로 깨어 글을 쓰면서 행복했다. 내가 살아 숨 쉬고 있다는 기분이 들었다.

"나는 그 당시 예상치 못한 피난처를 '우연히' 발견했다. 하지만 우연이란 존재하지 않는다. 무엇인가를 간절히 필요로 했던 사람이 그것을 발견한다면 그것은 우연히 이루어진 것이 아니라 자기 자신이, 혹은 자기 자신의 소원과 필연이 그곳으로 자신을 이끌었기 때문이다."

《데미안》에 나왔던 글이었다. 휴직하고 새로운 인생을 만들고 있는 내 모습과 잘 연결되었다. '퇴직하면 뭐 하지?'로 시작했던 고민이 '앞으로 무엇을 재미있게 해볼까?'로 바뀌었다. 그 답은 내 안에 있었다. 하나씩 꺼내서 해보면 되는 거였다.

그동안은 퇴직한 뒤 사업하는 것을 잠깐 생각해봤다. 막연하게 내가 아는 선에서 그린 미래였다. 우습게도 내가 상상한 이야기는 이렇다. 퇴직자금을 가지고 사업 하나에 다 썼다. 그러다 쫄딱 망했다. 늙어서 집도 날리고 갈 곳 없이 길거리를 떠도는 모습이었다.

사실은 특수교사로 살다가 퇴직하면 무엇을 하면 좋을지 도저히 떠오르지 않았다. 그래서 불안하고 두려운 거였다. 내가 무엇을 좋아하는지, 무엇을 할 때 행복한지, 어떤 것을 할 수 있는지 알고 나면 쉬웠다. 거기에 맞게 하나씩 준비하면 됐다.

미국 컬럼비아 대학 심리학자인 토리 하긴스 교수는 동기를 다룰 때 접근 동기와 회피 동기로 나누어 설명한다. 접근 동기는 무언가 좋은 것을 가지려고 하거나 가까워지려는 마음이다. 회피 동기는 나에게 좋지 않기 때문에 멀어지거나 피하고자 하는 마음을 말한다. 접근 동기를 가지고 한 일은 원하는 결과가 나오면 기쁨이나 행복을 느낀다. 회피 동기일 때는 바라는 결과가 나오면 안도하게 되는 것이다.

미국 노스웨스턴대학의 클라우디아 하세교수는 '자발적 노력을 끌어내기 위해 필요한 건 행복'이라고 말했다. 즉 행복할 때 사람들은 미래를 위해 움직인다. 투자도 하고, 낙관하는 자세도 갖는다.

이처럼 퇴직하고 뭐할지 생각힐 때도 접근 동기를 떠올리는 게 더 낫다. 무엇을 하면 내가 기쁘고 즐겁고 행복한지와 연결해서 생각해 본다. 그러기 위해서는 나 자신에게 집중하여 충분히 탐색하며 알아가는 시간이 필요하다. 그리고 끌리는 게 있다면 작게라도 시작해야 한다. 정해지지 않은 미래를 생각하며 불안해하는 것보다, 내가 좋아하는 것을 찾아 하나씩 해보는 시간이 더 즐겁고 행복할 수 있다.

"왜 밖에서 일어나는 일에 이리저리 끌려다니는가? 그럴 시간에 너 자신을 위하여 좋은 것을 더 배우고 우왕좌왕하기를 멈추어라."

마르쿠스 아우렐리우스가 쓴 《명상록》에 나오는 말이다. 내가 무엇을 하면 즐거운지, 재미있는지, 행복한지를 알려면 나에게 물어봐야 한다. '퇴직하면 뭐 하지?'를 고민하고 있다면, '나는 뭐 할 때 즐겁고 행복하지?'로 바꿔서 물어보면 어떨까? 답은 바로 내 안에 있다. 나에게 필요한 건 나에게 물어봐야 알 수 있다. 그런 다음 해야 할 일은 실천이다. 갑자기 떠오른 생각이 있다면 아주 작은 것부터 시작해보자.

5
경력이 단절되지
않는 일은 없을까?

"나 앞으로 뭐 하고 살아야 좋을지 잘 모르겠어. 애만 키우다 보니까 정작 나는 뭐해야 할지 모르겠다. 넌 돌아갈 직장도 있고, 휴직할 수 있어서 얼마나 좋냐."

"그러게. 나는 돌아갈 직장이 있는데 왜 이리 고민되나 모르겠다. 이 일을 언제까지 할 수 있을까? 다시 돌아가서 일할 생각하면 막막해. 새롭게 적응해야 하잖아. 잘 할 수 있을까?"

오랜만에 친구와 통화를 했다. 우리는 서로 다른 고민을 하고 있었다. 내 친구는 첫째 아이를 낳고 워킹맘으로 일하며 아이를 자기가 근무하는 어린이집에 데리고 출근했다. 그런데 아이가 너무 자주 아팠다. 결국, 고민 끝에 일을 그만두고 지금은 집에서 육아만 하고 있다. 아이가 자주 아프지 않은 건 좋았다. 하지만 아이들이 클수록 무슨 일을 새로 해야 할지가 고민이었다.

나도 마찬가지였다. 3년 8개월 동안 육아휴직을 하기로 했다. 둘째 아이를 36개월까지는 내 손으로 키우고 싶어서였다. 하지만 직장에 돌아갈 생각을 하면 막막했다. 두 애를 돌보며 워킹맘으로 사는 게 괜찮을까? 다시 잘 적응할 수 있을까. 언제까지 이 일을 할 수 있을까. 고민되는 게 한두 가지가 아니었다. 이처럼 아이를 키우다 보면 경력이 단절된다고 생각하기 마련이었다.

통계를 살펴봐도 30~40대 경력 단절 여성의 비율이 늘고 있었다. 2021년 1월 여성가족부에서 '3040 기혼여성 고용률'에 대해 발표했는데, 결과를 보면 30대 비중은 46.1%로 전보다 줄었다. 거기에 코로나19의 영향으로 일하지 않는 기혼여성 비율이 2019년보다 늘어났다. 경력 단절의 이유는 '육아'가 42.5%로 가장 높았다. 그중 30대 여성의 경력 단절 이유의 절반이 '육아'였다.

결혼하고 일했던 내 친구 중에도 아이를 낳고 일을 그만둔 사람이 많다. 내가 했던 도서관 온라인 강의 〈토닥토닥 엄마 육아〉에 참여하셨던 분도 말했다. "아이를 셋 낳아서 키우다 보니까 제 경력이 단절되었더라고요. 제가 아이 낳기 전에 공부했던 것과 다른 일을 하고 있어요. 언제 다시 제가 했던 공부를 시작할 수 있을지 모르겠어요. 막막해요."

미래에 대한 우리의 마음을 더 불안하게 만드는 전망이 있다. 앞으로 사람 대신 로봇이나 AI로 대체되는 직업이 늘어날 것이라는 거다. 2017년 고용정보원이 발표한 10년 후 인공지능 및 로봇에 의한 직업 대체율을 살펴보면, 의사가 55%, 사회복지사가 46%, 초등교사가 61%, 택시 기사가 88%, 시각 디자이너가 57%였다.

또한, 영국 경제예측 전문기업인 옥스퍼드 이코노믹스(OE)의 2019년 자료에 따르면 2030년까지 전 세계 일자리 2천만 개가 로봇으로 대체될 것이라고 한다. '애널리틱스 인사이츠(Analytics Insights)'는 인공지능 로봇의 등장으로 위기에 처한 10대 일자리를 다음과 같이 소개했다. 여기에 들어간 직업군에는 텔레마케터와 안내원, 섬유산업계 재봉 인력, 법률 보조원, 대중교통 운전사, 물류 노동자, 의사, 요리사, 바텐더, 포커 딜러가 있었다. 그리고 코로나19로 인해 AI와 로봇으로 대체되는 일자리 수는 더 빠르게 늘어날 것으로 예상한다. 이런 상황에서 우리는 어떤 일을 해야 좋을까?

요즘 떠오르는 개념 중 하나가 '부캐'다. '부캐'는 '부캐릭터'의 줄임말이다. 이것은 주로 게임에서 쓰던 용어인데, 본래 주력으로 키우는 캐릭터가 아닌 부수적으로 키우는 캐릭터를 뜻한다. 기존에 알던 내 모습과 다른 모습으로 행동할 때 '본캐, 부캐'를 나누어 설명할 수 있다. 그 예로, 연예인 김신영은 '둘째 이모 김다비'란 부캐로 활동한다. 이런 흐름은 연예인에 이어 일반인에게도 퍼지고 있다.

부캐는 또다른 나를 찾아보고 도전할 때 가볍게 시작해볼 수 있다. 오프라인에서 하기 어려운 부분은 온라인에서 모임으로 만들어 활동할 수도 있다. 온라인 모임을 만들 때는 그동안 미루고 있던 취미나 관심사 하나부터 시작하면 좋다. 작게 시작하는 내 부캐 만들기가 된다.

"공부해서 다니는 직장, 끽해야 20년이에요. 100세 인생 한 직업으로 살기 지루하죠. 서너 개 해봐야 지루하지 않고 좋죠."

드라마 〈나의 아저씨〉에 나온 대사다. 이제는 직장 한 곳에서만 일하며 살기 힘들다. 2018년 잡코리아에서 남녀 직장인 282명을 대상으로 〈직장인 퇴준생 현황〉에 대해 조사한 적이 있다. '요즘 퇴사를 준비하고 있나?'라는 질문에 전체 응답자 중 46.1%가 '마음은 이미 퇴사한 상태로 현재 구직 중이며, 이직할 기업이 정해지면 바로 퇴사할 것(퇴준생)'이라 대답했다. 참고로 퇴준생은 퇴사를 준비하는 사람을 일컫는다.

그리고 2012년 미국인과 캐나다인 411명을 대상으로 한 직업 만족도 조사 결과를 보면, 65%의 사람들이 자신의 직업에 만족하지 못한다고 응답하기도 했다. 이렇듯 이제는 한 직장만 평생 다니는 시대가 아니다. 많은 사람들이 언제라도 더 나은 곳으로 옮길 준비를 하고 있다. 나는 현재 특수교사다. 하지만 때가 되면 새로운 직장으로 옮길 수 있다고 생각한다. 평생 특수교사로만 일할 수 없기 때문이다.

그렇다면, 경력이 단절되지 않는 일은 무엇일까? 정해진 직장과 직업으로만 한정해서 생각하면 찾기 어렵다. 내가 움직여서 만들어내는 것은 경력 단절이 되지 않는다. 지금 내 상황에 맞게 좋아서 해보는 일은 끝없이 해나갈 수 있다.

그러므로 내가 행복하다고 느끼는 분야부터 시작한다. 거기에서 나만의 실력을 쌓고 새로운 모임으로 만들어볼 수 있다. 남이 시키는 일을 할 때는 자율성이 생기기 어렵다. 자율성은 내가 그 일을 할 때 재밌으면 생긴다. 그리고 자유롭게 결정할 수 있다고 느끼면 더 끈질기게 해낼 수 있다.

마켓컬리 김슬아 대표는 마켓컬리를 어떻게 만들게 되었는지 인터뷰에서 다음과 같이 말했다.

"마켓컬리는 생활 속 불편을 해결하려는 마음에서 시작되었습니다. 워킹맘으로 바쁘게 살다 보니 퇴근 후에 장을 본다는 것에는 현실적으로 많은 어려움이 있었습니다. '누구나 집에 있을 시간인 새벽에 배송을 받아보면 어떨까?'란 아이디어가 더해졌습니다. 그렇게 퇴근 후 밤 11시까지 주문하면 다음 날 아침 7시 배송을 받을 수 있는, 국내 최초 주7일 새벽 배송 서비스 '마켓컬리'를 시작했습니다."

눈에 보이는 직장이나 직업은 언제라도 바뀔 수 있다. 육아하느라 직장을 그만두었다고 할지라도, 일은 계속된다. 다만 출근할 곳이 집으로 바뀐 것뿐이다. 이제부터 나를 단순하게 경력 단절된 주부로 여기지 말자. 나는 아주 중요한 사람이다. 우리 가정의 경제, 살림, 육아를 책임지는 CEO다. 많은 이들이 버라이어티한 육아 현장에서 새로운 교육학, 경제학, 아동 발달, 영양학을 온몸으로 배우고 나만의 기술을 갈고 닦고 있다.

내가 더 재미있고 잘하는 분야가 생긴다면 그런 경험을 모아 책을 낼 수 있다. 그러면 작가로 활동하게 된다. 지역 카페, 블로그, 인스타로 사람들을 모아 작은 온라인 모임도 시작할 수 있다. 이때의 나는 온라인 모임의 리더가 된다. 지금은 공간과 시간의 제약이 없는 시대다. 내가 시작하면 이루어낼 수 있고, 내가 나를 고용해서 나만의 무대를 마음껏 만들 수 있다.

"그대가 자신의 별을 따라가는 한, 영광스러운 항구에 실패 없이 도달할 수 있으리라."

단테 알리기에리가 쓴 《신곡》에 나온 말이다. 우리는 저마다 빛나는 별이다. 나에게 맞는 별은 내가 찾고 발견할 수 있다. 나에게 알맞은 일도 오직 나만이 알아볼 수 있다. 나에 대해서 온전히 이해할 수 있는 건 나뿐이다. 이제는 남이 만들어놓은 일이 아닌 내 별을 따라가 보자. 그 빛을 보고 가는 동안 경력이 단절되지 않는 것은 물론, 내 인생도 밝게 빛나고 있을 것이다.

6
진짜 자기계발을
해보는 거야

'아침에 일찍 일어나야지!'
'책을 읽을 거야!'
'홈트레이닝 해야지!'

새해를 맞이할 때 하는 일 중 하나는 바로 '목표 세우기'다. 올해는
꼭 해내겠다는 굳은 의지를 불태우며 그동안 미루었던 것을 해보기
로 다짐한다. '꼭 이룰 거야!' 이렇게 시작한 새해 목표는 과연 어느
정도 유지될까?

2014년 12월, 스크랜튼 대학교에서 미국인 1,000여 명을 대상으로 새해 다짐을 조사했다. 그중 가장 높은 목표는 '살빼기'였다. 그 외 정리정돈, 적게 쓰고 더 많이 저축하기, 인생 즐기며 살기, 건강 유지하기, 흥미로운 것 새로 배우기 등이 있었다. 성공으로 이어진 결심은 과연 얼마나 될까? 안타깝게도 새해 결심이 잘 이루어졌다고 평가한 사람은 단지 8%였다.

우리나라 사람들의 새해 목표는 어떨까? 인크루트에서 성인남녀 1,305명 대상으로 '2020년에 이루고 싶은 새해 계획'을 설문 조사한 적이 있다. 1위는 저축과 투자, 2위는 이직과 퇴사, 3위는 운동과 다이어트였다. 또한, 챌린저스에서 뽑은 2021년 새해 인기 챌린지 베스트 3은 일찍 일어나기, 책 읽기, 홈트레이닝이었다. 여기서 알 수 있는 건, 사람들은 운동과 살빼기에 관심이 많다는 것이다.

그렇다면 '운동과 다이어트' 목표를 이루기 위해 실제 운동 시설을 이용하는 정도는 어떨까? 우리나라 직장인 61%가 헬스장, 요가 교실에 등록하고 장기간 이용하지 않았다는 설문 조사 결과가 있다. 2014년 11월, 인크루트 홈페이지에서 직장인 590명이 설문에 응답했는데, 71%가 등록 1개월 안에 운동을 포기했다는 결과가 나왔다. '이번에는 제대로 운동해야지!' 다짐하고 등록했지만, 꾸준히 하는 게 쉽지 않았다는 의미다. 등록한 운동 시설을 가지 않는 이유로는 '업무 및 일상생활 일정이 불규칙해서', '동기부여와 의지력 상실'이 있었다.

　운동을 실패한 원인에서 나온 것처럼, 목표한 것을 이루지 못하는 원인으로 대개는 2가지를 꼽는다. 첫째는 일정하지 않은 외부 환경이다. 직장인은 갑자기 회식하거나 야근을 할 수 있다. 집에서 아이를 키우고 있으면 아이의 컨디션에 따라 못하게 되는 날이 생긴다. 그리고 둘째는 의지력 부족이다. 많은 이들이 내 의지력이나 능력이 부족하기 때문이라고 여긴다는 것이다. 하려고 했는데 '의지가 약해서, 동기가 부족해서, 내가 게을러서'라고 결론을 내린다.

　원인으로 꼽은 것의 공통점은 '언제라도 바뀔 수 있다'는 것이다. 사실 외부 환경의 특징은 일정하지 않다. 예상하지 못한 상황이 생겨서 못하게 될 수 있다. 그렇다면 동기나 의지력 같은 마음 요소는 어떨까? 이 또한 일관성이 없다. 기분에 따라 바뀔 수 있다. 내가 통제할 수 없거나, 통제하기 힘든 요소들이라는 것이다. 이것들만 생각하면 목표를 달성하는 게 어려워 보인다. '내가 그렇지 뭐', '이번에도 안 됐네' 결국 나는 잘 해내지 못하는 사람이라고 스스로 결론 내린다. 정말 내가 게으르고, 의지가 약해서 그런 걸까?

　나 역시 새해에 늘 다짐을 했다. '올해는 꾸준하게 운동해야지!', '영어 공부를 해야지!' 하고 말이다. 하지만 12월까지 지속한 건 없었다. 12월이 뭔가. 한 주만 해내도 잘한 거였다. 시작은 쉽기에 작심삼일만 수없이 반복했다. 여러 자기계발서를 읽어도 그뿐이었다. 내 삶은 바뀌지 않았다. 그럴 때마다 나는 내가 부족하다고 생각했다. 나란 사람은 시작은 쉽게 하지만, 끝을 내지 못하는 사람이라고 여겼다. '게으름'은 내 친구, '꾸준함'은 나와 거리가 먼 단어였다.

휴직하고 첫째 아이가 어린이집을 거부하는 바람에 얼떨결에 홈스쿨링을 시작했다. 아이만 돌보고 집안일을 하는 것만으로도 24시간이 모자랐다. 뭔가 쉬지 않고 일하는 기분이었다. 직장에서는 쉬는 시간도 있고, 커피 마시며 숨을 돌리기도 했다. 그러나 두 아이에게 맞추어진 생활에서 내 여유를 찾기란 어려웠다.

나는 깨어 있는 내내 같은 걸 생각했다. '오늘은 뭐 해 먹지?', '오늘은 애들이랑 뭐 하고 놀지?', '집은 왜 이렇게 정신없지?', '언제 치우지?' 그게 아니면 오늘 아이에게 잘못한 것을 곱씹으며 후회했다. '내가 더 참았어야 했는데. 내가 아이를 더 이해했어야 했는데.' 온종일 나를 따라다니는 생각은 '나는 부족한 엄마'라는 거였다. 그럴수록 힘이 나지 않았다. 자꾸 우울했다. 그래서 무한 반복되는 뫼비우스의 띠부터 끊어야겠다고 결심했다. 이후 이 굴레를 벗어나게 해줄 수 있는 것이라면 뭐라도 시작했다. 끌리는 것부터 하나씩 하나씩 말이다.

처음은 '홈트'였다. 둘째 아이를 낳고 찐 살을 빼고 싶었다. 처음에는 첫째 아이가 영어 DVD를 보고, 둘째 아이가 낮잠을 자는 시간에

했다. 그런데 첫째 아이가 영상을 보다가 자꾸 나에게 와서 결국 할 수 없었다. 그래서 시간을 옮겨 아침에 해보기로 했다. 그때부터 6시에 일어나서 운동했다. 그러다가 홈트 지역 오픈채팅방이 있다는 사실을 알게 되었다. 그곳에 들어가니 저마다 오늘 한 운동을 인증하고 식단 조절도 같이했다. 혼자 하는 것보다 재미있었다. 그 덕에 나는 꾸준한 운동과 식사 조절을 할 수 있었다. 몸무게도 아기를 낳기 전보다 더 빠졌고, 체력도 더 좋아졌다.

그 뒤에는 온라인 독서모임을 했다. 채팅방에서 같은 책을 읽고 정해진 기간에 서평을 쓰기 위해 나는 어떻게든 시간을 만들었다. 나는 내가 다른 사람과 함께 하는 것을 좋아한다는 사실도 알게 되었다. 같이 하니 내가 목표한 바를 이룰 수 있다는 것도 깨달았다. 무언가 새롭게 하고 싶은 것이 생길 때 다른 사람들과 함께하면 효과가 좋았다.

《아주 작은 습관의 힘》을 읽고 목표 설정을 아주 작게, 하기 쉽게 해야 한다는 것을 배웠다. 돌아보니, 그동안 내가 세운 목표는 터무니없이 높았다. 처음에야 의지를 불태우고 힘내서 할 수 있었지만, 결국엔 유지하지 못했다. 이유는 단 하나! 하루에 이뤄야 할 목표가 높았기 때문이었다. 내 의지력은 늘 높은 상태가 아니었으니 작심삼일을 반복할 수밖에.

육아하며 깨달은 점은 너무 어려우면 할 수 없다는 거였다. 작게라도 성공해서 날마다 내가 잘하고 있다는 성취감을 갖는 게 더 나았다. 육아에서는 내가 잘하고 있다는 생각을 하기 어려울 만큼 나는 늘 부족한 엄마였다. 하지만 내가 관심 있는 분야에서는 꾸준하게 해내는 사람이 될 수 있었다. 이를 위해 하루 목표를 쉽게 달성할 수 있도록 만들었다.

아주 작은 목표, 같이 하는 사람들만 있어도 어떤 행동 하나를 계속해낼 수 있었다. 그걸 알고 나서 진짜 나만을 위한 자기계발을 시작할 수 있었다. 자기계발의 사전적 의미는 '잠재하는 자기의 슬기나 재능, 사상 따위를 일깨워 준다'는 것이다. 여기에서 나온 '계'는 계몽에서 쓰는 '계'처럼 생각이나 말이 열리는 것과 연결할 수 있다. 즉, 내 안에 잠재되어있는 것을 깨워준다는 의미다.

진짜 자기계발을 위해서는 나에게 집중해야 한다. 내가 끌리는 것, 해보고 싶은 것을 직접 해봐야 알 수 있다. 처음에는 남들이 좋다고 말하는 것 중에서 따라 해보는 것도 괜찮다. 하지만 거기에 '나'라는 사람이 없으면 꾸준히 하기 힘들다.

정말 내가 부족해서, 게을러서, 모자라서 못하는 게 아니다. 내가 꼭 하고 싶은 것을 정하고, 그것을 하기 위한 목표 행동을 아주 쉽게 만들자. 혼자가 아닌, 함께 하다 보면 어느새 나는 목표를 이루는 사람이 되어 있을 것이다. 내가 행동할 수 있는 시스템을 만들어서 이걸 습관으로 지속한다. 한 개가 자리 잡히면 다른 습관을 더해서 루틴으로 만든다. 이와 관련된 내용은 2장부터 하나씩 다룰 것이다.

나는 나만의 시스템을 만들어 2018년 12월부터 진짜 자기계발을 시작했다. 그 결과, 내가 하고 싶었던 것들을 도전해서 하나씩 이룰 수 있었다. 《토지》는 18개월, 《혼불》은 8개월, 《태백산맥》은 4개월 만에 완독했다. 이오덕의 《우리글 바로 쓰기》도 5권까지 공부했다. 아이와 성공감사일기를 쓰는 것도 1년 넘게 하고 있다.

또한, 2020년 8월부터 경제신문을 계속 읽고 있으며, 2019년 2월부터는 꾸준하게 책을 써서 출간하고 있다. 요가나 산책으로 하루 10분은 내 몸을 돌보고 있다. 그리고 아레테인문아카데미 카페에서 진행하는 작업 프로젝트에 참여하며 2년 넘게 고전을 필사하고 있기도 하다. 《논어》, 《명상록》, 《채근담》, 《오디세이아》처럼 평소에 읽지 않았던 책을 읽게 되었다. 어느새 50권 넘는 고전이 내 책장에 꽂혀 있다.

"대개의 갈매기에게 중요한 것은 비행이 아니라 먹이다. 하지만 조나단에게 중요한 것은 먹이가 아니고 비행이었다."

《갈매기의 꿈》에 나오는 조나단의 관심은 비행이었다. 다른 갈매기들이 먹이를 찾아 낮게 나는 것을 할 때, 조나단은 높게 나는 걸 연습했다. 그 결과 하늘을 나는 법을 배웠고, 더 좋은 먹이를 찾아 먹을 수 있었다. 조나단은 갈매기들이 짧게 사는 게 따분함과 두려움, 분노 때문인 것도 알았다. 결국 그의 머릿속에 그런 것들이 없었기 때문에 훌륭한 삶을 오래 살았다는 것이다.

우리의 인생 역시 그렇다. 진짜 자기계발은 바로 내가 끌리는 것, 하고 싶은 것을 하며 나만의 능력을 키워나가는 것이다. 이것들을 해나갈 때 내 삶이 따분하고, 단조롭다고 느끼지 않는다. 재미있고 신나고 행복하며 오늘도 해냈다는 마음으로 하루를 마무리할 수 있다.

내 안에 있는 잠재력을 깨우는 진정한 자기계발은 오직 나만이 할 수 있다. 이는 생각이 아닌 행동을 할 때 변화가 일어난다. "아는 자들이여! 실천하라!" 아리스토텔레스가 말한 것처럼, 해야 하는데 자꾸 미루고 있는 것들이 있는가? 이제는 나에게 맞는 진짜 자기계발을 시작해보자. 오늘도 '목표한 바를 해낸 나'를 만나는 뿌듯한 하루를 보내면 어떨까?

2장

장

미라클 타임의

힘

1
육아만 해도
하루 24시간이 모자랍니다만

"두 아이를 다 집에 데리고 있으면서 어떻게 책을 쓸 수 있었나요?"

"애 키우며, 온라인 모임을 운영하며, 줌에서 강의하고, 유튜브도 찍고, 어떻게 그렇게 많은 일을 할 수 있나요?"

<공부머리가 자라는 집안일 놀이> 도서관 온라인 강의를 끝내고 질문 시간을 가졌을 때였다. 한 분이 말했다.

"처음 강의를 들었을 때는 아이와 함께 집안일로 논다는 것부터가 신선했어요. 이렇게 하면 된다고 배우니 제 마음이 편안해졌어요.

아이도 같이 집안일 하면서 좋아했고요. 그런데 시간이 갈수록 궁금했어요. 작가님은 어떻게 이런 일을 혼자서 다 할 수 있는 건지요?"

코로나19로 아이를 가정 보육해야 하는 시간이 늘었다. 아이의 삼시 세끼를 챙겨주는 것부터 집안일까지, 엄마 혼자 감당해야 하는 게 더 많아졌다. 이번에 강의를 들은 분은 어떻게 하면 아이와 같이 있는 시간을 잘 보낼 수 있을지 궁금하던 차에 신청하게 되었단다. 강의를 들을수록 오히려 나에 대해서 더 궁금하다고 했다. 애 키우면서 책 쓰고, 줌에서 온라인 강의하고, 온라인 모임을 운영하고. 어떻게 다 하고 있는지 신기하다고 했다.

나 역시 이런 내 모습이 낯설다. 처음에는 '첫 번째 휴직했을 때처럼 우울해하면서 시간을 낭비하지 않겠어!'라고 다짐한 것뿐이었다. 그 시절을 돌아보면, 불안하고 두려운 마음으로만 아이를 키웠다. 애가 잘못될까 봐 무서웠다. 즐겁고 재밌다는 감정보다는 걱정하고 후회하는 날이 더 많았다.

이번에는 정말 다르게 보내고 싶었다. 다시 오지 않을 휴직 기간을 좋은 것들로 채우고 싶었다. 뒤돌아봤을 때 '그래도 이 정도면 잘했지!'라고 말해줄 수 있다면 얼마나 좋을까. 무엇보다 육아하며 아직 덜 자란 나를 좀 더 키워주기로 마음먹었다.

처음부터 그런 건 아니었다. 휴직 첫해에는 1년 동안 우울해서 지하에 땅굴을 계속 팠다. 둘째 아이가 돌이 될 때까지는 내 인생이 암흑 속에 있다는 느낌뿐이었다. 마음은 힘겹고 몸은 피곤했다. 몰골은 초췌했고 얼굴에는 웃음기를 찾기 어려웠다.

아침에 두 아이 먹을 것을 챙겨주고, 오전에는 무조건 밖으로 나갔다. 집에만 있으면 하루 24시간이 너무 길었기 때문이었다. 집에 들어와서 점심을 먹고 나면 아이와 보드게임을 하거나 책을 읽어주었다. 오후에는 첫째 아이가 영어 DVD를 보는 동안 둘째 아이는 낮잠을 잤다. 아이가 잘 때 나도 옆에서 쉬었다. 그러고 나면 어느새 저녁 시간이 되었다. 저녁밥을 해서 먹이고 전쟁터가 된 집을 청소했다. 그러면 금방 잠잘 시간이었다.

두 아이 밥 해먹이고, 놀아주고, 집안일 하고 나면 하루가 그냥 갔다. 나를 위해 한 건 하나도 없었다. 오직 애 둘 챙기고 집안일 하는 게 다였다. 그렇게 하고 잠들면 헛헛했다. 이렇게만 보내다가는 휴직 기간이 별거 없이 지나갈 것 같았다.

하지만 딱히 뭘 해야 좋을지 떠오르지 않았다. 나에 대해 생각하고 파악하기 위해 시간을 쓴 적이 없었다. 모든 관심과 생각은 온통 두 아이에게로 향해 있었다. 그래서 나는 다짐했다. '나를 알아가고 사랑하는 여행'을 하기로 말이다.

나는 홈트, 온라인 독서모임, 블로그 글쓰기를 했다. 집에서 아이를 키우면서 내가 해볼 수 있는 것들을 하나씩 늘렸다. 그러다가 내 인생에서 가장 큰 전환을 이룬 경험을 했다. 그건 바로 '책 쓰기'였다. 나는 2019년 1월에 '책 쓰기'를 배웠다. 언젠가 책을 쓰면 좋겠다고만 막연하게 생각했다.

그동안 내가 한 경험은 전문가 수준이 아니라고 보았다. 책을 쓰는 사람은 모두 다 뛰어난 사람들, 그 분야에서 누구라도 알아주는 사람들이라고 생각했다. 하지만 이건 내 고정관념이었다. 지금은 자기가 한 경험을 책으로 낼 수 있는 시대다.

책 쓰기를 하면서 생활 습관이 바뀌었다. 매일 새벽 4시에 일어나게 되었다. 물론 새벽밖에 글을 쓸 시간이 없어서였다. 그전에는 무엇을 하든 마감 시간 효과를 누리곤 했다. 마감시간에 임박해 딱 집중하고 끝내는 게 좋았다. 다만 마음이 바빠 신경이 날카로워진다는 단점이 있었다.

그러나 아이를 키우며 마감 시간 효과를 기대했다가는 아무것도 할 수 없었다. 육아에는 변수들이 많기에 무조건 미리 해놓지 않으면 계획에 어긋나기 일쑤였다. 그렇게 되면 못한 이유를 아이 탓으로 돌리기 쉬웠다. 나는 더 이상 아이 때문에 오늘 할 것을 못 했다는 생각은 하고 싶지 않았다.

무조건 4시에 눈을 뜨면 짧게 필사를 하고 글을 썼다. 그날 목표로 세운 양을 어떻게든 새벽에 끝내기 위해 집중했다. 미루지 않고 몰입해서 했다. 그 결과 2019년 6월,《하루 15분, 내 아이 행복한 홈스쿨링》이 세상에 나왔다. 해낸 내가 대견하고 감격스러웠다. 하나씩 성공 경험이 쌓여가자, 나 자신을 바라보는 눈이 바뀌었다. '할 수 있는 사람'으로 나를 바라보게 되었다. 내가 좋아하고, 해보고 싶어 하는 것을 할 때 잠재력도 깨울 수 있었다.

그 뒤로 책을 2권 더 쓰게 되었다. 애만 키울 때는 도저히 나오지 않던 시간이었다. 오히려 내가 하고 싶은 일이 생기자, 나에게 맞게 시간을 리모델링하게 되었다. 그 결과, 하루 24시간을 육아와 집안 일로만 채우지 않게 되었다. 내가 하고 싶은 것을 하면서, 아이를 돌보는 나만의 시스템을 만들었다. 책을 쓴 뒤로 더 다양한 것에 도전한 것은 새로운 이력이 되었다. 한없이 우울하다며 지하 100층 땅굴을 팠던 때가 있었다. 그랬던 내가 땅굴에서 나와 이제는 한 층, 한 층 올라가고 있다. 그것도 내 속도에 맞게, 나다운 방법으로 하나씩 도전하면서 말이다.

2021년 3월에 '서울대 국제이주와 포용사회센터(CTMS)'에서 만 0~12세 자녀를 둔 전국의 부모 2,016명을 대상으로 설문 조사를 했다. 〈코로나19와 아동 돌봄〉에서 엄마의 주중 평균 돌봄 시간은 다음과 같았다. 전업주부는 14시간 37분, 맞벌이는 5시간 18분. 아빠 역시 주중 평균 2, 3시간씩 부담이 증가했다.

무엇보다 워킹맘의 52.4%가 '돌봄 부담에 퇴사를 고민하고 있다'고 답했다. 실제로 설문에 답했던 워킹맘의 20.2%가 코로나19로 직장을 그만두었다는 결과가 나왔다. 가장 큰 이유는 '자녀 돌봄을 위해서'였다. 하지만 퇴사만 한다고 어려움이 다 해결되는 게 아니었다.

"코로나19가 1년이 넘어가니 번아웃이 왔어요. 회사에도 애들한테도 죄책감이 들고, 우울증 진단까지 받았네요."

박 씨는 인터뷰에서 퇴사하고 집에서 아이만 돌봤다고 했다. 그러다 보니 몸과 정신이 남아나질 않았다고 말했다. 나 역시 코로나19로 집에만 있어야 하는 시간이 늘었을 때 우울했다. 하지만 홈스쿨링하며 지하 100층까지 내려간 경험을 하고 난 뒤여서 그랬을까. 나에게 맞게, 가라앉은 마음을 날려버릴 수 있는 새로운 습관을 만들었다. 바로 '하루 10분 산책'이었다. 점차 무엇을 하든 내가 할 수 있는 일을 하면서 내 감정도 살펴주는 여유가 생겼다.

'크로노스'와 '카이로스'라는 그리스 신화에 나오는 두 신이 있다. 이들은 시간과 때를 의미한다. '크로노스'는 절대적인 시간으로, 누구에게나 공평하게 주어지는 하루 24시간을 뜻한다. 반면, '카이로스'는 기회를 잡을 수 있는 순간이다. 주관적인 시간으로 한 사람의 인생을 좌우할 수 있는 시간이기도 하다.

이탈리아에 있는 토리노 박물관에 카이로스 조각상이 있다. 그 모습은 앞머리는 무성하나 뒷머리는 대머리이다. 발에는 날개가 달려있고, 손에는 저울과 칼을 들고 있다. 조각상에 적혀있는 말이 있다.

"내가 앞머리가 많은 이유는 내가 누구인지 사람들이 금방 알지 못하게 하고, 내가 앞에 있을 때 쉽게 잡을 수 있도록 하기 위함이다. 뒷머리가 대머리인 이유는 내가 뒤로 지나가 버리면 다시는 붙잡지 못하도록 하기 위해서다. (중략) 날카로운 칼을 들고 있는 이유는 칼날같이 결단하라는 의미다. 나의 이름은 기회다."

우리에게 주어지는 24시간은 같다. 크로노스는 누구에게나 똑같이 있다. '24시간 동안 육아만 하면서 보낼 것인지, 아이를 키우지만 내 안에 있는 나를 키우는 시간으로 만들 것인지' 그 시간에 무엇을 할지 결정하는 사람은 바로 나다. 이때 내가 하는 경험과 기회가 바로 '카이로스'다. 당신은 하루 24시간을 누구와 함께하고 싶은가? 크로노스인가, 카이로스인가. 이 선택으로 내 인생의 하루, 1년, 10년이 바뀔 것이다.

2
새벽 4시,
또 하나의 인생을 얻다

　새벽 4시, 휴대폰 알람이 울렸다. 나는 알람을 끄기 위해 몸을 일으켰다. 새근새근 자는 두 아이를 가만히 바라보았다. 새날이 시작되었다. 기분 좋게 방문을 열고 나와 곧바로 정수기에서 물 한 컵을 받았다. 냉장고에서 레몬 반 개를 꺼내 레몬 스퀴저에 짠 레몬즙을 물에 넣었다. 사랑과 감사하는 마음을 담아서 마셨다. 그리고 화장실을 다녀왔다. 아침에 일어나자마자 하는 루틴을 짧게 하고 나서 방으로 들어갔다.

　책상에 앉아 깊게 심호흡했다. 오늘 하루를 건강하게 시작하는 것이 감사했다. 그리고 긍정확언을 썼다. 내가 이루고 싶은 것들을 만년필로 하나씩 쓰면서 마음에 새기었다. 오늘도 기분 좋은 일, 멋진 일이 일어날 것 같은 기분이 들었다. 그런 다음에 오늘 꼭 해야 할 일을 다이어리에 적었다.

고전을 읽고 필사했다. 나에게 와닿는 문장에 표시했다. 그리고 필사 공책에 만년필로 내가 오늘 뽑은 문장을 따라 썼다. 요즘에는 호메로스가 쓴《오디세이아》를 읽고 있다. 최근에 읽은 부분에서 가장 와닿은 문장이 있다.

"죽음에 대해 내게 그럴싸하게 말하지 마시오. 영광스러운 오디세우스여! 세상을 떠난 모든 사자를 다스리느니 나는 차라리 지상에서 머슴이 되어 농토도 없고 재산도 많지 않은 가난뱅이 밑에서 품이라도 팔고 싶소이다."

오디세우스가 저승세계에 가서 아킬레스를 만났다. 아킬레스가 죽어있는 것보다 살아있는 게 더 낫다고 오디세우스에게 한 말이었다. 이 부분을 읽으며 지금 내가 살아있어서 감사하다고 생각했다. 나에게는 다양한 기회가 있다. 무엇이든 도전해볼 수 있는 오늘이 있다. '개똥밭에 굴러도 이승이 낫다'는 속담도 떠올랐다.

이번 책을 쓰면서 처음에는 두려운 마음이 들었다. '잘할 수 있을까? 이 책은 괜찮을까?' 걱정했다. 그러다 필사를 하고 나면 마음이 차분해졌다. 새로운 것을 도전해볼 수 있어 얼마나 좋은가. 나에게 맞게 해보는 즐거움이 얼마나 큰가. 그러면서 배울 거리가 얼마나 많은가. 복직하기 전에 이렇게 책 쓰기로 육아휴직을 마무리할 수 있어 그저 감사했다.

필사하고 난 뒤 블로그에 글을 썼다. 그리고 인스타그램에는 엄마들이 보고 따라 할 수 있는 〈집안일 놀이〉 내용으로 사진, 동영상을 올렸다. 최근에는 인스타그램에 〈아이와 집에서 할 수 있는 간단한 집안일 놀이〉를 하나씩 알려드리고 있다.

휴대폰 알람이 새롭게 울렸다. 6시 50분이었다. 유튜브에서 요가 영상을 틀었다. 10~20분 정도로 할 수 있는 영상을 따라 했다. 그러면서 내 마음을 차분하게 만들고 아이들과 보낼 아침 시간을 대비했다. 마음이 편안하면 최고 바쁜 아침 시간에도 아이들에게 부드럽게 대할 수 있기 때문이었다. 그렇게 4시부터 7시까지 새벽 루틴을 끝냈다.

새벽 4시에 하루를 시작한 지 어느새 2년 6개월이 넘었다. 2019년 2월에 책 쓰기를 하면서 4시에 일어나기 시작했다. 이는 그 전부터 6시에 홈트를 하기 위해 조금씩 일찍 일어나는 습관을 만들었기에 가능한 것이었다.

그러다가 2018년 12월, 박경리의《토지》를 읽기 시작했다. 주변이 조용할 때 읽고 싶어서 일어나는 시간을 5시로 당겼다. 그때 박경리의《토지》를 읽고 블로그에 글을 썼다. 그러면서 '아침 5시 기상 - 레몬물 마시기 - 긍정확언 - 고전필사 - 블로그 글쓰기 - 홈트'라는 루틴이 생겼다. 무엇을 할지 고민할 틈도 없이, 시간을 알차게 보냈다.

물론 아이가 아파서 못하는 날도 있었다. 그러면 아이가 회복한 뒤 원래 루틴으로 다시 돌아왔다. 이는 크게 애쓰거나 힘들이지 않는 자연스러운 일상이 되었고, 습관으로 자리잡혀갔다.

《해빗》에서 말하기를, 습관의 특성 중 하나가 '힘들이지 않아도 된다'란다. 처음 습관을 만들 때는 의식적으로 노력해서 그 행동을 연습해야 한다. 하지만 익숙해진 다음부터는 저절로 몸이 움직여서 그 일을 한다. 무엇을 할지 생각하지 않아도 된다. 그래서 어떤 습관을 만들고 반복하는지가 중요하다. 이것이 바로 내가 중요하게 생각하는 것을 습관으로 만들어야 하는 이유이다.

새벽에 일어나 자신의 인생을 시작하는 엄마들이 있다. 바로《사랑하는 사람》이라는 작품으로 노벨문학상을 받은 토니 모리슨이 그예이다. 그는 새벽 4시부터 글을 썼다. 누구에게도 방해받지 않고 글을 쓸 수 있는 시간이었기 때문이다. 처음에는 두 아들이 어려서 그랬지만, 새벽에 글 쓰는 습관은 아이들이 다 자라서도 계속되었다고 한다. 그는 새벽에 해 뜨기 전이 생각하기 가장 좋은 시간이라고 했다.

내가 존경하는 분 중에 박경리 작가님이 있다. 그는 《토지》를 쓸 때, 새벽 2시에 일어나 원고지 앞에 앉았다. 쓰다가 막힐 때면 부엌으로 가서 그릇을 닦거나 텃밭에서 따온 고추를 다듬었다고 했다. 《토지》를 필사하면서 첫 책을 쓰던 때가 기억난다. 필사를 마치고 글을 쓰면 왠지 박경리 작가님을 만나고 온 기분이 들었다.

내가 이끄는 온라인 모임이 있다. 하나는 박경리의 《토지》를 필사하는 모임이다. 또 다른 모임은 〈하루 7분 경제신문 기사 제목 친해지기〉다. 이 모임의 공통점은 사진을 찍어 단톡방에 올리는 것이다. 각각의 모임에 참여하시는 분들은 대부분 육아맘이다.

그분들 중 어떤 분은 새벽 시간에 필사를 하거나 아침 일찍 경제신문을 본다. 어떤 분들은 저녁에 한다. 저마다 자기에게 알맞은 시간에 하고 있다. 새벽 5시대에 단톡방에 인증하는 분들도 있다. 그러면 몸은 떨어져 있어도 필사하고, 신문을 보며 미라클 모닝을 함께 하는 것 같아서 좋다.

내가 한 강의를 듣고 미라클 모닝을 시작하신 분도 있다. 〈엄마표 책 육아〉를 총 4주 동안 줌에서 강의했는데, 주제는 〈그림책에서 고전까지 읽는 방법〉이었다. 3주 차에는 엄마부터 시작하는 고전 필사를 다루었다. 과세는 《이린 왕자》를 읽고 부부 필사하기였다.

"저도 미라클 모닝을 할 수 있는 사람이었어요. 아침에 필사하려고 일찍 일어날 줄이야. 제 변화가 놀라워요."

그분은 필사할 시간을 내기 위해 평소보다 조금 더 일찍 일어났다. 필사하다 보니 그동안 미루었던 영어 공부도 하게 되었다고 말했다. 작은 시작 하나로 하루가 바뀐 것이다. 저녁에 아이를 재우고 하는 분들도 있다. 혼자 하루를 정리하며 시집을 필사하는 분도 있다. 저마다 자기에게 맞게 집중하는 시간을 보냈다.

아침에 일찍 일어나서 하든 저녁에 하든 중심은 같다. 바로 나만을 위해 홀로 깨어 있는 시간을 보내는 것! 이때에는 나에게 이로운 행동을 한다. 필사하면서 내 생각을 기록한다. 앞으로 내가 무엇을 하면 좋을지 질문하고 스스로 답해본다. 그러다 보면 점차 선명하게 나에게 맞는 것이 무엇인지 갑자기 떠오르곤 하는데, 이때 이것을 바로 실천해 볼 수 있다. 이미 하나 성공하고 있다면 새로운 행동도 이어서 할 수 있다.

나 역시 새벽에 필사하다 보면 무엇을 하면 좋을지 아이디어가 떠오른다. 그걸 실천하기 위해 '어떻게 해볼까?'를 고민하고 바로 실천한다. 그러다 보면 조금씩 내 인생이 나에게 맞게 하나씩 벌어지고 있다는 걸 느낄 수 있다.

지금껏 내가 한 모든 도전은 새벽 4시에 깨어 인생을 새롭게 디자인했기 때문에 가능했던 것이다. 이때가 없었다면 지금의 나도 없다. 내 삶은 '새벽 4시'를 시작으로 그 전과는 완전히 바뀌었다.

빨래줄에 걸어 논
요에다 그린 지도
지난밤에 내 동생
오줌 싸 그린 지도

윤동주의 〈오줌싸개 지도〉 시에 나온 구절이다. 아이들이 자다
가 쉬를 쌀 때가 있다. 그러면 새벽에 비몽사몽 깨어 이불을 바꾸어
야 한다. 속에서 깊은 '빡침'이 올라온다. 잠을 자다가 억지로 일어났
기 때문이다. 다른 사람의 강요나 엄마여서 의무로 일어날 때는 스
트레스다.

하지만 나만을 위해 일어나는 새벽 4시는 설레고 두근거린다. 또
하나의 인생을 시작하는 시간이다. 오늘 어떤 기분으로 하루를 시작
하고 싶은가? 나에게 맞게 정한 시간과 루틴으로 새로운 인생을 여
는 하루를 선물해주면 어떨까.

3
작지만 큰
습관의 힘

"강의 듣고 실천하는 거 어떠세요?"

"어려워요."

"잘 안 돼요."

"처음에는 바로 실천해요. 하지만 작심삼일이에요."

내가 온라인에서 하는 줌 강의에 참여하시는 분들에게 첫 수업 시간에 물어봤다. 그분들은 대부분 바로 실천하기 어렵다고 했다. 나역시 그랬다. 좋은 강의를 들을 때는 '와, 이거 좋은데? 곧장 해 봐야겠어!'라고 마음먹었다.

하지만 그때뿐이었다. 집에서 아이들과 있으면 홀라당 잊어버렸다. '아, 그거 하려고 했는데, 못했네.' 그냥 지나쳤다. 좋은 것이 있어도 내가 해보지 않으면 진짜 내 것이 아니었다. 내 삶은 바뀌지 않았다. 나는 도서관에서 줌으로 온라인 강의를 하게 되었을 때 이런 점을 보완하고 싶었다. 그래서 만든 시스템은 강의를 듣고 난 뒤에 함께 실천할 수 있는 오픈채팅방을 운영하는 것이었다.

코로나19로 인해 오프라인 강의가 대부분 온라인으로 바뀌었다. 나는 그 덕분에 다른 지역에 있는 도서관 온라인 강의를 할 수 있게 되었다. 이것의 장점은 공간의 제약이 없고 편안하게 집에서 들을 수 있다는 거였다.

그러나 가만히 앉아 듣기만 하는 수업이 될 수도 있는 단점이 있었다. 우선 강의를 듣는 분들이 카메라를 끄면 제대로 듣고 있는지 확인할 수 없었다. 그래서 강의를 준비할 때 '어떤 작은 행동 하나를 함께 실천할까?'를 고민했다. 작지만 쉽게 할 수 있도록 돕고 싶었다.

그래서 강의 성격에 맞는 습관 하나를 정했다. 그리고 오픈채팅방에서 인증하게 했다. 아주 쉬운 행동 하나를 실천하는 과제를 드렸는데, 〈집안일 놀이〉 강의에서는 '아이와 같이 집안일 놀이를 하거나 성공삼사일기 쓰기'를 했다. 〈토다토닥, 엄마 육아〉에서는 '하루 10분, 시집 필사하기'를 했다. 〈엄마표 책 육아〉에서는 '아이에게 하루에 책 한 권 읽어주기'를 했다.

강의마다 거기에서 할 수 있는 아주 작은 행동 하나를 습관으로 만들었다. 참여하시는 분들이 무엇을 해야 하는지 선명하게 그려지도록 도왔다. 그래서 언제, 어디에서 할지 목표를 선언하게 했다. 강의를 듣고 실천할 것을 말하게 하는 것이다. 그 결과, 수업에 참여하셨던 분들이 자신의 변화에 만족스러워했다.

"저 성공감사일기 계속 쓰고 있어요. 우리 가족 문화가 되었죠. 이건 제가 조금씩 더 나은 방향으로 살게 해준 힘이 되었어요."

〈집안일 놀이〉 강의가 끝나고 몇 달 뒤에 만난 분이었다. 그분은 성공감사일기 쓰기를 꾸준하게 하고 있었다. 강의가 끝난 뒤에도 습관이 돼 계속 유지했다고 한다. 어떤 분은 성공감사일기를 쓰며 미라클 모닝을 시작했다. 작은 습관 하나가 삶에 끼친 긍정적인 영향이었다. 이처럼 좋은 습관은 내 인생에서 선순환을 만든다. 하나를 시작했더니 다른 것도 해보는 힘이 생긴다. 내 인생이 조금씩 바뀌는 시작이다.

이와 반대로 내 인생을 갉아먹고 있다고 느끼게 하는 나쁜 습관도 있다. 할 때는 재미있는데 하고 나면 뭔가 찝찝하다. 이거 말고 다른 좋은 행동으로 바꾸고 싶은데 마음처럼 잘 안 된다. 그 시간이 되면 나도 모르게 자동적으로 그것을 한다. 저마다 좋은 습관과 나쁜 습관으로 여기는 행동이 있다. 별거 아닌 것 같지만 시간이 지날수록 내 인생에 점점 큰 영향을 주고 있다. 도대체 습관은 무엇일까?

윌리엄 제임스는 1890년에 근대 심리학의 체계를 세운 사람이다. 그는 "가능한 한 이른 시기에, 자신이 할 수 있는 유용한 행동을 가능한 한 많이, 자동적, 습관적으로 만들어야 한다."고 말했다. 그리고 여러 실험 연구를 통해 습관의 중요성을 언급하기 시작했다.

《해빗》에서는 습관이 우리 삶에서 차지하는 비율이 평균 43%가 약간 넘는다고 한다. 습관이 완전히 형성되기 전까지는 명확한 목표와 보상이 필요하다. 처음 학습할 때 뇌와 무언가를 반복해서 습관이 되면 뇌가 전혀 다르게 작동한다. 습관의 특성은 애쓰지 않아도 자동으로 된다는 것이다. 그래서 그 힘을 이용한 습관 시스템을 구축하는 것이 중요하다고 말한다. 성공한 사람들은 강인한 자제력을 가진 것처럼 보이지만, 사실은 습관의 힘을 이용해서 가볍고 쉽게 해나간 것이다.

《우울할 때 뇌과학》에서는 습관을 '어떤 행동을 할지 생각하지 않고 그냥 하는 행동'으로 설명한다. 그리고 습관이 만들어지는 과정을 뇌과학과 연결한다. 처음에 새로운 습관이 자리 잡으려면 전전두피질이 개입해야 한다. 그러기 위해서는 정신적인 노력이 필요하다. 일단 과감하게 밀어붙여 그 장벽을 넘으면 된다. 그러면 행동의 부담은 의식적으로 노력해야 하는 전전두피질에서 무의식적으로 수월하게 할 수 있는 배측 선조체로 넘어간다. 그때부터 자동으로 행동이 일어난다.

《습관의 재발견》에서는 습관을 '하지 않는 것보다 하기가 더 쉬운 행동'이라고 말한다. 그리고 그것이 오랜 시간에 걸쳐 형성되고 자리를 잡는 것이다. 좋은 습관은 노력을 거의 들이지 않고도 자기에게 좋은 일을 할 수 있다. 그러려면 뇌가 갑자기 엄청난 변화를 느끼지 않아야 한다. 그래서 이를 위해 '작은 습관'을 만들라고 권한다. 한심할 정도로 작아 보이면 뇌가 불편하다고 느끼지 않을 것이기 때문이다. 그렇기에 새로운 습관을 만들 때는 '너무나도 작고 한심해서 실패하기조차 힘든' 일을 반복하라고 조언한다.

또한, 《습관의 디테일》에서는 우리를 움직이게 하는 행동을 세 가지 요소로 설명한다. 행동이 발생하려면 '동기, 능력, 자극'이 동시에 갖추어져야 한다고 말한다. 내가 만들고 싶은 습관이 있다면 그 행동을 정해서 작게 쪼갠다. 일상에서 자연스럽게 끼워 넣을 곳을 찾는다. 그리고 꾸준히 해나간다. 근본적인 변화를 위한 습관을 만들기 위해 '작은 습관 기르기'를 제안한다. 참고로 작은 습관은 30초 안에 할 수 있는 사소한 행동을 말한다.

《아주 작은 습관의 힘》에서는 습관이란 '자동으로 실행하게 될 때까지 여러 번 반복한 행동'이라 말한다. 여기에서는 습관을 세우는 과정을 '신호, 열망, 반응, 보상' 4단계로 나누어 설명한다. 습관의 자동화에 있어서는 '얼마나 오래 하느냐'가 아닌, '얼마나 자주 반복하느냐'가 더 중요하다고 한다. 그래서 습관을 만들 때 목표를 높이지 않고 시스템의 수준을 쉽게 만들라고 조언한다. 여기에서는 '2분 규칙'을 제시한다. 새로운 습관을 만들 때 그 일을 2분 이하로 하라는 것이다.

그리고 《그릿》에서는 의식적인 연습을 습관으로 만드는 방법을 제시하는데, 이를 '일상의 의식'으로 표현한다. 우선 내가 가장 편안하게 연습할 수 있는 시간과 장소를 파악한다. 그리고 같은 시간, 같은 장소에서 연습해야 한다고 말한다. 어려운 일을 할 때는 일과로 만드는 것이 뜻밖의 비법이 될 수 있다고 설명한다. 같은 시간, 같은 장소에서 연습하는 습관을 들이면 생각할 것도 없이 미적거리지 않고 바로 시작할 수 있다.

여기에서의 공통점은 습관을 만들 때 '작은 행동'으로 시작하라는 것이었다. 그동안 습관으로 만들지 못했던 건 내 의지력과 노력의 문제가 아니었다. 내가 할 수 있는 행동을 아주 쉬운 시스템으로 만들지 못한 것이다.

습관 만들기를 할 때 무슨 행동을 할지 정한다. 그리고 거기에서 내가 해야 할 행동을 작게 쪼갠다. '이 정도는 할 만하겠어.'라는 생각이 드는 만만한 행동 하나를 찾는다. 그 행동이 자리 잡힐 때까지 의식적으로 연습한다. 반복하는 동안 나에게 맞는 충분한 보상을 해준다. 이런 시스템으로 좋은 습관이 자리 잡도록 연습하는 것이다. 이미 만들어진 습관을 다른 행동으로 바꾸는 것보다 새로운 습관을 만드는 게 더 쉽다고 한다.

　나 역시 다양한 책들에서 배운 지식을 바탕으로 실천했다. 내가 하고 싶은 행동은 의식적으로 연습해서 습관을 형성했다. 무엇을 만들든 포인트는 내가 가장 쉽게 할 수 있는 행동부터 정하는 거였다. 무엇을 해야 할지 결정부터 했다. 그러면 그 행동을 지속하기 위한 시스템을 만들기는 더 쉬웠다. 나는 그걸 온라인 모임에서 대부분 해나갔다. 그렇게 해서 내가 하고 싶었던 것을 하나씩 이룰 수 있었다.

"일단 길을 개척해놓으면, 그 길을 따라가지 않을 수 없는 법이다."

　생텍쥐페리가 쓴 《야간비행》에 나오는 글이다. 습관도 이와 같다. 처음에 습관을 만들 때는 낯설다. 잘 안 되는 것 같다. 하지만 반복해서 내 몸에 길을 만들면 자동으로 하게 된다. 일단 몸이 익숙하도록 길부터 만드는 게 필요하다. 여기에서 중요한 것은 어떤 행동이든 바로 실천해야 한다는 것이다. 머리로만 아는 것은 진정한 몸의 변화를 만들 수 없다.

　좋은 습관을 만들고 싶은가? 그렇다면 그것을 하기 가장 쉬운 행동부터 찾아보자. 그리고 바로 해보자. 아주 작게 시작한 좋은 습관은 내 인생이 더 나은 방향으로 가게 해주는 큰 힘이 될 것이다.

4

원하는 나를 만드는
루틴의 힘

"무슨 생각을 해. 그냥 하는 거지."

우리나라 피겨 스케이팅의 여왕 김연아 선수가 한 다큐멘터리에
서 말했다. 이는 2010년 밴쿠버 올림픽에서 금메달을 따기 전에 나
온 영상이었다.

무슨 생각을 하면서 스트레칭을 하냐는 질문에 대한 김연아 선수
의 대답은 '아무 생각 없이 스트레칭한다'는 것이었다. 운동하기 전
에 하는 스트레칭은 김연아 선수에게는 루틴으로 하는 일상이었다.

과거 강호동이 진행했던 〈무릎팍 도사〉란 프로그램에 나와서도 같은 대답을 했다.

"세 바퀴 공중에서 돌 때 무슨 생각을 하세요?"

김연아 선수의 대답은 이때도 같았다.

"그 찰나의 순간에 생각하기는 너무 짧은 시간 아닌가요?."

"신발 끈을 묶을 때는요?"

"아무 생각 없이 해요. 착지할 때도 아무 생각 없어요."

운동선수들은 연습하는 동안 하는 행동이 있다. 시합에 임하기 전 자신만의 의식적인 행동을 하는 이들도 있다. 이를 통틀어서 '루틴'이라고 한다. 루틴은 특정한 일을 잘 수행하기 위해 하는 일련의 동작이다. 저마다 최고의 운동 능력을 발휘하고자 습관적으로 하는 절차다. 그들은 경기에 임하기 전 자기만의 고유한 동작을 한다.

수영 역사상 최고의 선수라 평가받는 이가 있다. 그는 인류 역사상 가장 많은 올림픽 메달을 땄으며, 120년이 넘는 올림픽 역사에서 역대 최고의 선수로 평가받고 있다. 바로 수영 황제라고도 일컬어지는 미국 수영선수 마이클 펠프스다. 그도 한 인터뷰에서 이렇게 말했다.

"오늘이 무슨 요일인지 몰라요. 날짜도 모르고요. 전 그냥 수영만 해요."

그 역시 경기 전에 하는 루틴이 있다. 시합을 앞두고 스타팅 블록에 올라간다. 양팔을 크게 펼쳤다가 접는다. 그런 다음에 자신의 몸을 감싼다. 이렇게 자신만의 의식을 하고 시합에 임한다.

　운동선수 이외에도 다양한 영역에서 자신만의 루틴을 지키는 사람들이 있다. 그들은 정해진 루틴으로 연습하며 기량을 높인다. 미국의 대표적인 현대 무용가로 알려진 트와일라 타프, 사람들은 그를 천재 무용가라고 부른다. 그는 현재 81세인데도 여전히 왕성하게 활동 중이다. 그의 작품은 고전 무용이나 브로드웨이의 뮤지컬이나 가릴 것 없이 큰 성공을 거두었고, 그런 그에게는 새벽 운동 루틴이 있다.

　"나는 평생 한 가지 의식으로 하루를 시작해요. 오전 5시 30분에 일어나 운동복을 입고, 레그워머를 착용하고, 스웨트셔츠와 모자를 걸쳐요. 그리고 맨해튼에 있는 집에서 걸어 나와 택시를 부르죠. 운전기사에게 체육관에 가자고 말해요. 그리고 그곳에서 두 시간 동안 연습해요. 내가 말하는 의식은 바로 택시 잡기죠. 간단한 행동이지만 똑같은 행동을 습관으로 만들었어요."

　택시를 잡은 간단한 행동이 아침 운동을 꾸준하게 해준 의식이었다.

　JYP엔터테인먼트의 대표이자 가수로 활동하고 있는 박진영도 아침 루틴을 일정하게 지키는 사람이다. 그의 루틴은 다음과 같다. 7

시 30분에 일어난다. 일본어 공부로 하루를 시작한다. 영양제, 견과류와 과일, 올리브 오일을 곁들인 가벼운 아침 식사를 한다. 오전에는 발성 연습과 운동을 한다. 그가 20년 넘게 지키고 있는 루틴이다. 작곡한 곡은 그가 아침에 눈을 뜨자마자 맑은 정신에 떠오른 것들이 많았다고 한다.

이 외에도 아침 시간에 자신만의 루틴으로 에너지를 높이는 사람들이 있다. 오프라 윈프리는 하루를 20분간의 아침 명상으로 시작한다. 그 시간에 희망, 만족감, 깊은 즐거움을 채운다. 그 뒤에 러닝머신에서 적어도 15분 동안 뛴다. 운동으로 생산성과 에너지를 높이고, 식사를 준비한다. 마지막으로 건강식으로 아침을 먹으며 아침 루틴을 마무리한다.

《인생이 빛나는 정리의 마법》을 쓴 곤도 마리에도 아침 루틴이 있다. 아침에 일어나면 모든 창문을 열어 신선한 공기를 들이고 향을 피운다. 이 행동은 하루 동안 집 안에 편안함을 주고, 맑은 에너지를 유지하게 한다. 그 뒤에 감사기도를 한다. 오늘 할 수 있는 만큼 해낼 수 있도록 다짐하는 시간을 가진다. 오늘 할 일을 적는데, 이 행동은 반드시 감사기도 후에 한다고 한다.

그렇다면 아침에 자신만의 루틴을 가지고 생활하는 사람과 그렇지 않은 사람에는 어떤 차이점이 있을까? 아침 생활 패턴과 업무 능력의 연관성을 다룬 연구 결과가 있다. 미국 텍사스 A&M 대학과 와

이오밍대학 연구팀은 대학 직원 400명을 대상 설문 조사를 했다. 그들은 3주 동안 참가자들의 식사, 운동, 출근과 같은 아침 생활 패턴 실천과 심리 상태를 다루었다.

그 결과 아침 생활 패턴을 지키지 못한 그룹은 업무 생산성과 집중력이 떨어졌다고 답했다. 불안감도 느꼈다. 아침에 생활 패턴을 지킬 때의 좋은 점은 불필요한 에너지 소모를 막을 수 있다는 것이다. 연구를 진행한 맥클린 교수는 "자신의 생활 패턴을 유지하는 게 중요하다."고 말했다.

아침을 정신없이 보내는 것과 나만의 루틴에 따라 움직이는 것은 다르다. 루틴이 있으면 꼭 해야 할 행동만 할 수 있어 시간을 낭비하지 않는다. 고민하고 선택하느라 에너지를 크게 쓰지 않는다. 이런 루틴의 핵심은 생각 없이 몸이 움직이도록 만드는 것이다. 그러기 위해서는 작은 행동 하나부터 습관으로 만드는 게 좋다.

습관은 작은 하나의 행동으로 시작한다. 그것이 습관이 되면 다른 새로운 행동과 연결한다. 그렇게 2~3가지 행동을 잇게 되면 행동 패턴이 생긴다. 이것이 자동화되면 비로소 루틴이 된다. 그다음부터는 몸이 알아서 움직인다. '이제 무엇을 해야 하지?'를 생각할 필요가 없다.

루틴의 가장 큰 장점은 무엇을 할지 크게 생각하지 않고 바로 행동에 옮길 수 있다는 것이다. 처음에는 무엇을 할지 고민할 수 있지만, 정하고 습관이 되면 자동으로 한다. 무엇을 하면 좋을지 모르겠는가? 어떤 것이든 내가 끌리는 것을 습관으로 만들어보자. 시간도 아침이든, 저녁이든 언제 해도 괜찮다.

'나는 앞으로 어떤 사람이 되고 싶은가?'는 핵심 행동 하나를 만들 때 생각하면 좋은 질문이다. 그 답에 맞게 루틴을 만들어보자. 가장 우선순위로 삼는 행동이 내가 되고 싶은 사람의 모습과 연결되어 있을 때 더 오래 지속할 수 있다.

몸을 건강하게 만들고 싶다면 '운동하기'나 '샐러드 먹기' 같은 루틴을 넣는다. 글을 쓰고 싶다면 '글쓰기'를 루틴에 넣는다. 그림을 그리고 싶다면 '그림 그리기'를 루틴에 넣는다. 내가 어떤 사람이 되고 싶은지에 맞는 행동을 고른다. 이때 정한 것을 아주 작은 행동으로 시작한다. 큰 힘을 들여 노력하지 않아도 될 만한 쉬운 행동을 눈에 분명하게 보이는 목표로 정하는 것이다.

인지심리학자 김경일 교수가 쓴 《적정한 삶》에 보면 '명사의 함정'을 설명한다. "영식이가 사람을 죽였대."와 "영식이는 살인자래." 두 문장이 있다. 문장의 뜻은 같지만, 듣는 사람은 다르게 받아들일 수 있다. "사람을 죽였대."처럼 동사로 말할 때는 어떤가? '무슨 사정이 있는 걸까, 어떤 이유에서 그랬을까?' 궁금한 마음도 생긴다. 하지만 "영식이가 살인자래."는 다르다. 더는 생각하지 않는다. 명사는 내가 가진 고정관념으로 답을 내버린다. 거기에는 일의 가능성과 상황이 빠진다. 명사는 신속한 판단을 도와준다. 하지만 고정된 편견으로 다양한 가능성을 없애기도 한다.

그러므로 내가 루틴으로 만들어야 하는 것은 '나는 어떤 사람이 되고 싶은가?'에 따라 정하는 것이 좋다. 예를 들어 '나는 작가야'란 명사보다는 '나는 다른 사람에게 위로와 힘을 주는 글을 쓰는 사람' 이란 동사로 바꿔서 생각해보는 것이다.

"인간은 끊임없이 특정한 방식으로 행동하면서 특정한 자질을 얻는다. 올바른 행동을 하면 올바른 사람이, 절제된 행동을 하면 절제 있는 사람이, 용기 있는 행동을 하면 용기 있는 사람이 된다."

고대 그리스 철학자였던 아리스토텔레스는 말했다. 가장 먼저 내가 원하는 모습을 그려보고 그에 맞는 행동을 하나씩 정한다. 이제는 원하는 나를 만들기 위해 루틴의 힘을 활용해보자. 4장에서는 나에게 맞는 습관을 만드는 방법, 5장에는 쉽게 시작할 수 있는 여러 가지 루틴 실천 예시를 담았다. 읽고 아이디어를 얻어서 나에게 맞게 변형해보길 바란다. 모든 내용은 참고사항일 뿐이다. 어떤 것을 하든, 나에게 맞게 선택하면 충분하다. 어떤 사람이 되고 싶은가? 답은 당신이 지금 하는 루틴에 달려있다.

5

삶을 바꾸는 열쇠,
미라클 타임

"안녕하세요. 지에스더 작가님. 저는 이투데이 ooo기자입니다. 이번에 남다른 방구석이란 코너에서 작가님의 미라클 모닝 이야기를 담고 싶어서 이렇게 연락드렸습니다. 이번 기사에서는 작가님이 미라클 모닝으로 어떤 일상을 보내시는지 이야기를 듣고 싶습니다."

〈경제신문 이투데이〉에서 연락을 받았다. 내가 얼마 전에 쓴 〈미라클 모닝을 2년 동안 꾸준하게 할 수 있었던 까닭〉이라는 블로그 글을 보고 인터뷰를 요청한 것이었다. 나는 생각지 않게 '미라클 모닝'으로 인터뷰를 하게 되었다. 그렇게 내가 2년 넘게 실천한 미라클 모닝 이야기가 2021년 2월 2일 자 이투데이 〈남다른 방구석, 매일 아침 일찍 하루를 여는 '미라클 모닝'〉 기사에 나왔다.

요즘 미라클 모닝의 인기가 높다. 이런 미라클 모닝의 열풍을 일으킨 책이 바로 미국인 할 엘로드가 쓴 《미라클 모닝》이다. 우리나라에서는 2016년에 출간되었다. 그전에는 '아침 기상, 새벽 기상'이란 키워드가 있었다. 이 책이 인기를 얻으면서, 아침에 일찍 일어나는 행동을 '미라클 모닝'이라고 부르는 사람들이 늘었다.

이 책에서 말하는 미라클 모닝의 핵심은 아침에 일찍 일어나는 것이다. 일어나자마자 바로 '기적의 6분'을 실행한다. 책에서는 이를 루틴처럼 만들 수 있도록 6가지를 제안하고 있다. 이는 침묵, 확신의 말, 시각화, 운동, 독서, 기록하기이다. 일어나기 힘들었던 아침에서 기다려지는 아침으로 바뀐다는 내용을 담고 있다.

우리나라 사람들의 새해 도전 과제 중 하나가 '미라클 모닝'이다. '챌린저스'란 앱에서 2021년 1월 1일부터 2주 동안 가장 많이 개설된 챌린지가 있다. 바로 '아침에 일찍 일어나기'다. 이는 3년 연속 1위를 한 챌린지였다고 한다. 인스타그램에서 #미라클모닝 해시태그를 단 게시글만 58만 개(2021. 11월 현재)가 넘는다. 이는 사람들이 얼마나 미라클 모닝을 하고 싶어 하는지를 보여주고 있다. 그렇다면 얼마나 많은 우리나라 사람들이 실제로 미라클 모닝을 실천하고 있을까?

아르바이트 포털 알바천국이 2021년에 20~30대 개인 회원 846명을 대상으로 '루틴'에 대해 조사한 결과가 있다. 이중 전체 응답자의 28.8%가 미라클 모닝에 도전해본 경험이 있었다고 답했다. 그들이 아침에 실천하는 루틴으로 1위는 운동이었다. 그 외에 외국어 공부, 독서, 명상, 글쓰기, 긍정확언, 필사가 나왔다.

그중 미라클 모닝을 도전했다가 포기했다고 응답한 사람들의 비율이 55.9%였다. 그들이 실패한 이유 중 가장 큰 원인은 '체력의 한계'였다. 내 주변에도 미라클 모닝을 하고 싶지만, 마음처럼 되지 않는다고 말하는 이들이 있다.

"처음에 시를 필사하려고 아침에 일찍 일어났어요. 하지만 시간이 갈수록 원래 제 모습으로 돌아가더라고요. 그래서 밤에 해볼까 했어요. 그런데 아이를 재우다가 같이 잠들고, 아침에는 일찍 일어나지도 못하고. 미라클 모닝을 어떻게든 하고 싶은데, 마음과 다르게 몸이 안 움직여요." <토닥토닥 엄마 육아> 강의에 참여하신 분이 말했다.

남들처럼 미라클 모닝을 하고 싶지만 잘 되지 않는다. 실패 경험이 쌓이다 보니, '나는 왜 이렇게 안 되지?'라며 스스로를 자책한다. 나만 부족한 사람이 된 기분이다.

사실 우리는 육아와 집안일만으로 이미 많은 일을 하고 있다. 하지만 엄마이기 때문에 그건 당연하게 해야 하는 일로 여긴다. 오히려 지금 내가 하는 것보다 더 잘해야 한다고 생각한다. 애도 잘 키워야 하고, 살림도 깔끔하게 해야 한다는 압박으로 나를 몰아붙이는 경우가 있다. '조금 부족하면 뭐 어때!'라며 스스로를 위로하려고 해도 SNS에서 다른 사람들의 미라클 모닝 인증을 보면 이내 마음이 불편해진다. 나도 남들처럼 뭐라도 해야 할 것 같은데, 정말 미라클 모닝만이 답일까?

우선 육아할 때 지쳐있는 나에게 어떤 행동이 좋을지부터 생각한다. 그리고 하루로 늘려서 내가 할 수 있는 시간대를 찾는다. 시간은 언제든 괜찮다. 나는 이 시간대를 '미라클 타임'이라 부르기로 했다.

미라클 타임에서는 내가 하고 싶은 행동을 먼저 결정한다. 언제 할지부터 정하지 않는다. 습관으로 만들 핵심 행동 하나를 결정하고, 그것을 일정 기간(3~4주정도)에 반복한다.

미라클 타임의 핵심은 두 가지다. 첫째, 아주 작은 행동을 습관으로 만든다. 둘째, 일정한 때에 같은 장소에서 반복한다. 이 두 가지를 지속하다 보면 행동 하나를 꾸준하게 하게 되고 습관이 된다. 그러면 거기에 다른 행동을 얹어서 새로운 나만의 루틴으로 만들 수 있다.

처음에는 습관 한 가지만 연습해도 괜찮다. 그다음에 2~3가지 행동을 루틴으로 만들어서 해도 좋다. 중요한 것은 목표 행동 하나를 꾸준하게 한다는 점이다. 그렇게 내가 한 행동의 시간과 양이 쌓이면서 내 인생에서 변화가 일어난다. 어느 순간 나만의 새로운 결과가 만들어진다. 바로 시간이 미라클로 바뀌는 마법이 일어나는 것이다. 이로 인해 내 삶이 확 달라진다. 이처럼 미라클 타임으로 자기만의 인생을 만든 이들이 있다.

"운동화 한 켤레가 내 삶을 바꾸었어요."

한 50대 여성이 있다. 그는 전문 마라토너가 아니었다. 그런 사람이 마라톤을 하게 되었다. 바로 지인의 권유 때문이었다. "딱 10일만 뛰어보자." 이는 단순한 제안으로 시작했다. 그는 그동안 코로나19로 집콕 생활을 이어가고 있었다. 하지만 그 뒤로 새벽 5시 30분에 무작정 밖으로 나가서 뛰었다. 하다 보니 어느새 100일을 뛰게 되었다. 그렇게 뛴 거리가 총 1,180km가 되었고, 자신이 마라톤을 뛰게 된 이야기를 책으로 써서 출간했다.

"둘째를 출산하고 연주에 더 몰입하게 되었어요."

2005년 29세의 나이에 서울대 교수로 임용돼 화제를 모았던 이가 있다. 바이올리니스트 백주영 교수다. 지금은 40대 중반이며 두 아이를 키우는 엄마이기도 하다. 그는 2020년 12월에 한국인 연주자 최초로 베토벤 소나타 전곡을 녹음한 음반을 발표했다.

둘째 아이를 낳기 전까지는 연습에 몰입이 안 될 때가 있었다고 한다. 하지만 둘째 아이가 태어난 뒤로 오히려 연주에 몰입을 잘하게 되었다고 했다. 두 아이를 낳고도 음반을 낼 수 있었던 것은 바로 평소에 꾸준하게 연습하던 습관 때문이었다.

미국의 여성 작가 델마 톰슨, 그의 남편은 육군 장교였다. 그래서 그는 남편을 따라 캘리포니아 모하비 사막 육군 훈련소로 가게 되었다. 남편이 훈련하러 나가면 통나무집에 혼자 남아있었다. 50도가 넘는 더위로 음식은 금방 쉬었다. 주변 사람들이라고는 멕시코인과 인디언뿐이었고, 영어가 통하지도 않았다. 결국, 그는 사막에 간지 몇 달 되지 않아 우울증에 걸렸다. '더는 못 견디겠어요. 차라리 감옥에 가는 게 낫겠어요.'라고 친정 부모님께 편지를 보냈다. 그의 아버지는 딱 2줄로 답장을 보냈다.

'두 사나이가 감옥에서 조그만 창문을 통해 밖을 바라보았다. 한 사람은 진흙탕을, 다른 한 사람은 별을 보았다.'

그 뒤로 그의 인생이 바뀌었다. 먼저 인디언들과 친구가 되었다. 그리고 사막의 식물을 관찰하며 주변 자연을 연구했다. 이를 바탕으로 《빛나는 성벽》이란 소설을 썼다. 이 책은 세계 2차 대전 무렵에 출간되었고, 베스트셀러가 되었다.

"나는 행복했고, 만족했으며, 이보다 더 좋은 삶을 알지 못합니다. 삶이 내게 준 것들로 나는 최고의 삶을 만들었으니까요. 결국 삶이란 우리 스스로 만드는 것이니까요. 언제나 그래 왔고, 또 언제까지나 그럴 겁니다."

미국인 모지스 할머니가 쓴《인생에서 늦은 때란 없습니다》란 자서전에 나온 글이다. 그는 76세에 처음 그림을 그렸다. 그 뒤로 죽을 때까지 계속 그림을 그렸고 93세에《타임》지 표지를 장식했다. 100세 생일날에는 뉴욕시에서 '모지스 할머니의 날'을 선포했다.

그는 그림을 배운 적이 없었다. 나이가 들어 관절염으로 그동안 하던 바느질이나 자수를 하기 어렵게 되자, 딸은 그런 엄마를 위해 그림 도구를 선물했다. 그때 처음으로 붓을 들고 그림을 그리기 시작했던 모지스 할머니는 살아있는 동안 1,600여 점의 그림을 남겼다. 놀라운 건 100세가 넘어 그린 작품만 250점이었다는 것이다.

우리 인생에서 하지 못할 환경은 없다. 어떤 것을 시작하기에 늦은 때도 없다. 오직 내가 선택해서 행동하는 것만 있을 따름이다. 무엇을 하든 내가 지금 할 수 있는 것에서 찾아보고 꾸준하게 실천한다. 그러다 보면 나만의 작품이 세상에 탄생한다. 지금 내가 바쁘다는 이유로 하지 못하고 있는 것이 무엇인가? 자꾸만 내 마음이 끌리는 분야가 있는가?

이제는 나에게 맞게 아주 작은 행동부터 시작해보자. 나만의 목표를 정해 꾸준하게 해나가는 것이다. 시간이 쌓이다 보면, 나에게 미라클로 바뀌는 순간이 온다. 이것은 내 삶을 바꾸는 열쇠가 된다.

이 키를 손에 쥐고 있는 사람은 나다. 내가 어떻게 바라보고, 행동하는지에 따라 인생이 바뀐다. 내 시간을 미라클로 바꿀 수 있는 사람은 오직 나뿐이다. 당신은 무엇으로 미라클 타임을 채우고 싶은가?

6

미라클 타임은
나의 숨구멍이다

"엄마, 쉬 마려워요."
"엄마, 이거 안 돼요."
"엄마~~~~!! 여기 좀 와 봐요!!"

아이들과 같이 있다 보면 시도 때도 없이 나를 찾는다. 둘이 잘 놀고 있다가도 금세 다투고 나를 부른다. 둘째 아이는 놀다가 어디 부딪혀서 울다가 엄마를 부른다. 첫째 아이는 전날 읽던 책이 안 보인다고 나에게 찾아달라고 한다. 책이 어디 있는지 모르는 건 나도 마찬가지다. 하지만 아이들에게는 엄마는 뭐든 다 할 수 있는 사람인가 보다.

아이들은 분 단위로 "엄마"를 부르는 것 같다. 문득 첫째 아이와 둘째 아이가 처음 "엄마"를 불렀을 때가 떠오른다. 얼마나 감격스러웠던지. 조그만 입에서 "엄마"를 부르는 소리가 너무 귀엽고 사랑스러웠다. '아, 어느새 내가 아이를 이만큼 키웠다니!' 순간 울컥했다.

하지만 이제는 하도 엄마를 많이 찾아서 그때의 감동이 희미하다. 한 번씩 그 순간을 떠올리면 뭉클하다. 엄마가 되었기에 느낄 수 있는 감정이다. 그러나 종일 같이 있다 보면 시간이 갈수록 이런 마음이 든다. '이제 엄마 좀 그만 불러. 나도 쉬자.'

'정말이지, 아무도 나를 찾지 않는 곳에 가서 혼자 있으면 좋겠어.'

나는 결혼 전에는 다이어리에 빼곡하게 하루 일정을 적으며 살았다. 지인과 약속을 정하고 만났다. 혼자 있는 것보다 다른 사람과 같이 있는 게 더 좋았다. 첫째 아이를 낳으면서 광주로 이사를 오게 되었다. 낯선 땅에서 아는 이가 하나도 없었다. 심하게 외로웠다. 자꾸 누구를 만나고 싶었지만 만날 사람이 없었다. 그 시간을 견디기 힘들었다. 얼른 복직해서 사람들과 소통하고 싶었다.

두 번째 휴직 기간에는 달랐다. 두 아이를 집에 다 데리고 있는 것만으로도 하루가 노루 꼬리보다 짧았다. 애만 챙기다 보면 밤이 되었다. 누굴 만나고 싶은 마음이 들지 않았다. 아이들에게 치인 하루를 보내고 나면, 그저 혼자 있고 싶다는 생각뿐이었다. 나에게 필요한 건 아무도 없이 나 홀로 머물 수 있는 장소와 시간이었다.

"어휘를 늘리는 동시에 단어와 문장의 자연스러운 어울림을 즐기고 익힐 수 있는 책으로는 박경리 선생의 소설《토지》만 한 것이 없다고 생각한다. (중략) 수준 높은 문학 작품을 읽으면 논리 글쓰기를 하는 데에 도움이 된다."

나는 온라인 독서모임을 하면서 〈유시민의 글쓰기 특강〉을 같이 읽었다. 그때 이 문장이 내 마음에 강하게 꽂혀 단순하게《토지》를 읽기만 하는 게 아니라 필사까지 하기로 했다. 이렇게 시작한 작은 도전이 내 인생을 바꿔놓을지 그때는 몰랐다.

《토지》를 필사해야겠다는 다짐을 한 뒤, 걱정스러운 것이 두 가지였다. 첫째는《토지》의 방대한 양이었다. 21권이나 되는 걸 언제 다 읽을까 싶었다. 둘째는 조용히 집중할 수 있는 환경 만들기였다. 아이들이 있을 때 책을 읽다 보면 중간에 멈추어야 할 때가 많았다. 그러면 어디까지 읽었는지 기억나지 않아 찾아 헤매야 했다. 그런데《토지》는 왠지 그렇게 읽으면 안 될 것 같았다. 두 가지 문제를 어떻게 한 번에 해결할 수 있을까?

'디지털노마드'라는 단어를 알게 되자, 나는 블로그를 새로 배웠다. 그러면서 블로그에서 사람들을 모아서 온라인 과정을 운영할 수

있다는 것도 알게 됐다. '그래, 같이 읽을 사람들을 블로그로 모아야
겠어!' 《토지》는 혼자서 읽다가는 금세 포기할 것 같았다. 그러나 같
이 읽는 사람이 있으면 끝까지 해낼 수 있을 거란 확신이 생겼다. 온
라인 독서모임을 하면서 함께 읽는 힘이 크다는 것을 배웠기 때문이
었다. 무작정 블로그에 글을 써서 함께할 사람을 모았다. 감사하게
도 필사를 함께하겠다는 사람들이 있었다. 이렇게 박경리의 《토지》
를 필사하는 온라인 모임이 탄생했다. 이때부터 나는 하고 싶은 것
이 생기면 온라인에서 함께 할 사람부터 모았다.

　다음으로 읽을 시간을 정해야 했다. 아이들이 나를 찾지 않는 시
간을 곰곰이 따져보았다. 육퇴하고 필사하는 건 불가능했다. 내가
아이들보다 먼저 기절하며 잠들었기 때문이다. 둘째 아이 낮잠 시간
도 생각해봤다. 그러나 그 시간은 일정하지 않았다. 그렇다면 아침
시간밖에 없었다. 6시에 홈트를 하고 있었기 때문에 그 전에 일어나
야 했다. '그래, 그럼 5시 30분부터 해보는 거야. 우선 일어나보자!'

　이렇게 시작된 5시 30분 기상 시간은 어느새 4시로 앞당겨졌다.
나는 새벽에 홀로 깨어 아무도 나를 찾지 않는 시간이 참말로 좋았
다. 신기하게 다음 날도 눈이 저절로 떠졌다. 무엇보다 같이 읽는
《토지》는 정말 재미있었다. 또 읽고 싶어서 일어났다. 하면 할수록
내 안에 '하면 된다'는 자신감이 조금씩 쌓였다.

　그러면서 비로소 알게 되었다. 내가 진짜 하고 싶은 게 있으면 어

떻게든 방법을 만들어낼 수 있다는 것을! 답은 내 안에 있었다. 홀로 있는 시간을 간절히 원했기에 찾을 수 있었다. 그렇게 나는《토지》를 시작으로《혼불》,《태백산맥》까지 완독했다.

나에게 진정한 미라클 타임이 이루어졌다. 누군가 등 떠밀어서 한 게 아니었다. 내가 하고 싶어서 만들어낸 시간이었다. 새벽마다 내가 살아서 숨 쉬는 기분이 들었다. 미라클 타임은 나에게 숨구멍이었다. 지친 내가 편안하게 깨어 있는 순간이었다. 만약 내가 아이를 키우지 않았다면 결코 느끼지 못했을 경험이었다. 아이들에게 매인 몸과 시간이 오히려 새로운 시간을 만들어주었다.

《토지》필사를 시작으로 새벽에 하나씩 도전을 더해갔다. 내가 집필한 책 3권도 모두 새벽 시간에 이루어진 것이다. '지금 아니면 쓸 수 없어!'라는 생각은 오히려 한정된 시간에 몰입하게 했다. 그렇게 하루하루 글을 썼다. 그러면서 내 안에서 회복하는 힘도 생겼다. 나에 대해 깊게 돌아보게 되었다. 내가 어떤 사람인지, 무엇을 좋아하는 사람인지 가만히 생각해볼 수 있었다. 아이들이 잘 자서 할 수 있다는 게 감사했다. 감사할수록 행복한 마음도 따라왔다.

필사하다가 갑자기 하고 싶은 것들이 떠올랐다. 그러면 '이걸 어떻게 할 수 있게 만들어보지?' 나에게 질문했다. 그리고 다른 사람들과 함께 할 수 있는 모임 형태로 바꾸었다. 문득 하고 싶은 게 생기면 어떻게 실현할지 생각을 전환했고, 그 결과는 놀라웠다. 나에게 이런 창조성이 있을 줄이야.

이런 마음은 산책할 때도 비슷했다. 산책하면서 나에게 '사랑해, 고마워, 괜찮아, 그럴 수 있어'를 말해주었다. 감사하는 마음이 차올랐다. 걸으면서 바람을 느꼈다. 새소리를 가만히 들었다. 내 몸에 집중하며 걷다 보면, 신기하게도 갑자기 새로운 아이디어가 떠올랐다. 그러면 바로 휴대폰에 메모했고 그걸 어떻게 만들어낼지 그렸다. 그리고 바로 실행했다.

새벽에 하는 필사와 오전에 홀로 하는 산책은 나에게 창조성을 일깨워주었다. 다른 사람이 정해주는 것이 아니었다. 내가 나답게 만드는 자율성을 경험했다. 시간이 갈수록 감사, 사랑, 행복을 더 많이 느낄 수 있었다.

2018년에 2월에 SBS 8시 뉴스에 '감사하는 마음이 뇌와 삶을 바꾼다'는 방송이 나왔다. 대학병원에서 30대 직장인을 대상으로 연구를 했다. 그들에게 감사와 원망하는 메시지를 각각 들려주었다. 그리고 심박수와 뇌의 변화를 측정했다. 감사하는 마음을 떠올릴 때는 심박수가 점차 감소했다. 안정적인 파형을 그렸다. 표정이 편안해졌다. 반면 자책하고 원망하라는 메시지를 들려주니 결과가 달랐다. 서서히 표정이 굳어졌다. 스트레스를 받을 때처럼 심박 수가 증가했다.

MRI로 뇌를 살펴본 결과, 감사하는 마음을 가지면 보상회로가 뇌의 많은 부위에 연결되었다. 그러면 즐거움을 더 잘 느낄 수 있다고 한다. 누군가를 탓하고 원망하는 마음보다는 감사하는 마음을 가지려고 애쓰면 우리의 뇌가 변한다는 결과였다. 강남 세브란스 병원 김재진 교수는 말했다. "보상회로가 흥분되기도 하고 억제되기도 합니다. 이게 반복해서 나타날 때 변화들이 쌓여서 영구적인 효과로 나타날 수 있습니다." 감사하는 마음이 뇌의 회로를 바꾸고 자연스럽게 삶도 변한다.

"날개 달린 가슴으로 새벽에 일어나 또 하루 사랑의 날을 보내게 되었음을 감사할 수 있기를."

《예언자》에 나오는 '사랑에 대하여'란 시의 한 구절이다. 새벽에 눈을 떠서 책상 앞에 앉아 있으면 그저 감사하다. 오늘도 일어나서 사랑의 날을 보내게 되어 기쁘다. 이때 채운 에너지로 아이들에게도 사랑을 전해줄 수 있어서 좋다. 내가 살아있는 기분을 온전히 느낄 수 있어 행복하다. 떠오르는 아이디어를 실천할수록 내 안에 창조성이 깨어난다. 나만의 작품을 만들며 나답게 인생을 그리고 있다.

혼자 있는 시간은 내 안에 있는 날개를 펴는 순간이다. 내가 자유롭게 날아오르기 위해 준비하는 때이다. 나는 나답게 살아갈 힘을 얻는다. 미라클 타임은 진정한 나로 살아가게 해주는 숨구멍이다.

3장 나의 꿈은 무엇일까?

Know thyself!

너는 엄마처럼
살지 마

"엄마 대장암이래. 수술 날짜 잡았어. 항암 치료도 이어서 받아야 해."

2019년 추석에 친정 엄마의 암 소식을 듣게 되었다. 나는 크게 충격받았다. 자꾸만 눈물이 났다. '앞으로 엄마는 어떻게 될까?' 두려운 마음이 들었다. 그런데 한편으로는 '이런 일이 우리 가정에 벌어진 까닭이 있지 않을까?' 엄마나 나에게 새로운 배움이 일어날 수도 있겠다는 생각도 들었다.

감사하게 수술이 잘 되었다. 친정 아빠의 말을 들으니 엄마의 대장에서 작은 감자만 한 암 덩어리가 나왔다고 했다. "조금 늦게 발견했다면 큰일 날 뻔했어요. 바로 발견하고 수술한 게 기적입니다. 이제 치료만 잘 받으시면 돼요." 담당 의사 말처럼 정말 암을 늦게 발견했다면 어땠을까? 생각할수록 눈앞이 캄캄했다.

"엄마는 이제 비로소 자유롭게 살 수 있을 것 같아. 새로운 인생을 얻었어. 내가 그동안 왜 그렇게 힘겹게 살았나 싶어. 그동안 너에게 한 것도 미안하다."

나는 수술 받은 엄마와 통화했다. 엄마의 목소리가 내 생각보다 편안하고 차분했다. 엄마의 말을 듣고 울컥했다. 그 뒤로 엄마는 항암 치료를 12번 받았다. 2주마다 받았으니 총 24주를 항암 치료하며 보낸 거다. 자그마치 6개월이란 시간 동안 엄마는 힘겨운 시간을 이겨나갔다. 친정 아빠의 정성 어린 돌봄도 큰 몫을 했다.

부모님은 두 자녀에게 항암 치료를 받는 내내 어떠한 도움도 요청하지 않으셨다. 두 분이 함께 이겨나가셨다. 엄마는 처음에 6개월이란 시간이 너무나 길고 멀게만 느껴졌다고 했다. 그렇지만 신앙의 힘으로 하루하루 이겨나가셨고, 그렇게 항암 치료를 잘 마쳤다. 돌아보니 모든 게 감사했다.

그동안 엄마를 싫어하고 미워했던 마음이 녹아내리는 기분이 들었다. 대장암으로 죽을 수도 있는 상황이 오자 엄마가 180도로 변했다. 엄마는 삶을 감사하는 마음으로 바라보기 시작했고, 인생을 새롭게 시작했다. 나에게 하는 엄마의 말과 행동에도 큰 변화가 있었다.

나는 그동안 엄마를 정말 싫어했다. 어른이 되어 엄마 곁에 있는 게 답답해, 엄마와 최대한 멀리 떨어지고 싶었다. 하지만 이상하게도 생각처럼 되지 않았다. 어떤 결정을 하든 결과가 같았다. 나도 모르게 엄마와 가깝게 지내는 쪽을 택하고 있었던 것이다. 그동안 다양하게 집 밖 탈출을 시도했다. 그렇지만 그것도 잠깐일 뿐, 결국에는 엄마 옆에 머무르고 있었다.

그건 내가 엄마에게 적응한 탓이었다. 나는 엄마의 마음을 아프게 만들고 싶지 않았다. 엄마는 속상한 일이 있으면 어디에 말할 곳 없는, 어린 시절부터 외롭게 자란 사람이었다. 그러면서 자연스럽게 어린 딸에게 의지하게 되었던 것이다. 늘 내가 딸이어서 이런저런 이야기를 나눌 수 있어 좋다고 했다.

하지만 문제는 엄마가 내뱉는 말에 있었다. 늘 나에게 좋은 이야기만 하는 게 아니었다. 내가 어릴 때부터 아빠나 주변 사람에 대한 불평불만을 털어놓았다. 다른 사람 앞에서는 꾹 참다가 나에게 와서 터트렸다. 그럴 때마다 나는 엄마의 이야기를 가만히 들어주었다. 그 말에 맞장구치며 엄마의 편이 되어주었다. 엄마를 위로하는 건 내 몫이었다. 오히려 내가 없으면 우리 엄마는 어쩌나 걱정했다.

하지만 나는 엄마의 불평불만을 더는 듣고 싶지 않았다. 그래서 집과 멀어질 수 있는 길을 찾기 시작했다. 첫 번째 탈출은 대학교 4학년 때 휴학하고 자원 봉사하러 영국으로 떠난 것이다. 그때 처음으로 10개월이란 시간 동안 다른 나라에서 진정한 자유를 맛봤다. 그 '자유'가 너무 좋아 한국으로 가기 싫었다. 1년 더 휴학을 연장하고 미국으로 가면 좋겠다고 생각했다. 그러면서 내 영어 실력도 더 높이고 싶었다.

나는 심각하게 고민했다. 혼자 답을 내리기 어려워서 교수님께 메일을 보냈다. "내년에도 임용시험에서 특수교사를 많이 뽑을 것 같아. 들어와서 공부하고 합격한 다음에 다시 나가는 게 어떠니?" 이것이 교수님의 답이었다. 아무래도 많이 뽑을 때 시험을 보는 게 낫겠다고 결론 내렸다. 그래서 한국으로 돌아왔다.

"대전으로 특수교사 임용시험을 보는 게 어떠니?"

어느 지역에 응시할지 고민하던 찰나에 친정 아빠가 나에게 권유하셨다. 그 말을 듣고 나는 대전에서 시험을 봤다. 대전은 기차로 1시간이면 친정에 갈 수 있는 거리다. 내 마음은 '집과 최대한 먼 곳에 가고 싶다'였지만, 결국에는 부모님의 의견을 따랐다. 나는 몸만 어른이었을 뿐, 정신적으로는 독립하지 못했던 것이다.

직장생활을 할 때도 주말마다 집에 갔다. 부모님이 그렇게 하길 바라셨기 때문이었다. 결혼하고 나서도 2주마다 주말이면 친정에 오길 원하셨다. 그렇게 결혼한 뒤에도 나는 여전히 부모님에게 떨어지지 못했다. 그러다가 첫째 아이를 낳기 한 달 전 광주로 이사를 하게 되었다. 친정 엄마는 불같이 화를 냈다. 내가 너무 멀리 간다는 이유였다. 딸이 중요한 결정을 할 때 내 편이 되어주지 않는 엄마가 야속했다.

나는 친정과 거리가 멀어지자 비로소 진정한 독립을 할 수 있었다. 둘째 애까지 낳으니 더 바뀌었다. 어느 순간 친정에 가는 게 더 힘들었다. 아이들과 집에 있는 게 편했다. 둘째 아이가 나에게 조금 더 자립할 수 있는 환경을 만들어준 셈이다.

돌아보면 나는 엄마의 감정 하수구로 살았다. 엄마가 나에게 어떤 말로 기분을 풀든 나는 그저 가만히 있었다. 당연히 내가 받아야 한다고 여겼기 때문이다. 그러나 그건 내 착각이었다. 엄마의 감정은 엄마 것이다. 엄마가 스스로 하나씩 해결해나가야 하는 인생 과제로, 내가 책임져 줄 수 없는 부분이다. 나는 그걸 정확하게 구별하지 못했다. 그래서 엄마의 짐을 같이 지고 살았던 것이다. 늘 엄마의 기분을 살폈다. 엄마가 기분이 좋지 않으면 나도 덩달아 기운이 빠지곤 했다.

"내 마음속 깊은 그 어느 곳, 무의식의 어느 구석에 박혀 어머니가 된 나를 괴롭히는 어린 시절의 불행했던 나와 어머니와의 관계를 찾아내야 한다. 그리고 그 원인이 되는 것은 그것이 무엇이든지 미련 없이 버려야 한다."

《모신》을 읽으며 알았다. 내가 왜 그토록 엄마에게서 떨어지지 못하는지를 말이다. 엄마가 나를 놓지 못하는 게 아니었다. 내가 엄마를 계속 붙잡고 있는 거였다. 어린 시절에 받았던 상처와 엄마에게 더는 버림받고 싶지 않다는 마음이 나를 독립하지 못하게 만들었다.

내 아이에게만큼은 나의 잘못된 습관을 물려주고 싶지 않았다. 엄마와의 올바르지 않은 관계를 내가 먼저 미련 없이 버려야 했다. 그동안 습관처럼 젖어있던 행동을 하나씩 버리려고 했지만, 마음처럼 쉽지 않았다. 그랬던 나에게 생각하지 못한 상황이 일어났고, 그로 인해 나는 진정한 독립을 할 수 있었다.

"에스더야, 네가 하고 싶은 거 마음껏 하면서 살아. 엄마처럼 살지 마. 엄마에게 매이지 않아도 돼. 자유롭게 살아. 엄마가 응원하고 기도해줄게. 그동안 못 해준 거, 너에게 상처 준 거 다 미안해. 우리 행복하게 살자. 너도 그렇고, 나도 그렇고."

그동안 내가 엄마에게 붙잡혀있던 것들이 끊어지는 소리가 나는 듯했다. 나에게 진정한 자유가 시작되는 신호로 들렸다. '그 순간 서희는 자신을 휘감은 쇠사슬이 요란한 소리를 내며 땅에 떨어지는 것을 느낀다.' 소설 《토지》의 마지막 부분에 나오는 문장이 마치 내 이야기 같았다. 엄마의 말을 듣자, 나를 감싸고 있던 쇠사슬이 탁 끊어지는 기분이었다. 앞으로는 내가 하고 싶은 것 하면서 살라고? 진짜 자유로운 내 인생이 펼쳐지겠다. 엄마도 나도, 이제는 각자 행복한 삶을 만들어가겠지.

"삶이란 도판에 그려놓은 공식이 아니었다. 삶의 신비는 개인이 어떤 생활의 방식을 취하든 무궁무진하며 끝이 없는 것이었다."

소설《토지》에 나오는 문장이다. 우리 삶은 딱 정해진 공식이 없다. 답도 없다. 그저 나에게 맞는 생활 방식을 취하며 사는 것뿐이다. 여기에는 무궁무진한 가능성이 담겨 있다. 그걸 만들 수 있는 건 내 손에 달렸다. 당신은 어떤 인생을 만들고 싶은가?

2
고전 필사,
나를 알아가는 시간

　직장생활을 시작하면서부터 내가 찾아 읽은 책은 자기계발서였다. 확 변해서 멋지게 살고 싶었다. 그간의 내 모습을 보면 뭔가 알 속에 갇혀있는 것처럼 좀 답답했다. 그래서 몸과 마음이 강해지고 싶었다. 어떤 일에도 눈 하나 꿈쩍하지 않는 담대한 사람이 되고 싶었다.

　책을 읽는 동안에는 크게 감동했다. 책에 나온 대로만 하다 보면 지금과 분명하게 다른 내 모습으로 살 수 있을 것 같았다. 하지만 감동은 읽을 때뿐, 효과는 오래 가지 않았다. 뭐가 잘 안되면 또 다른 자기계발서를 읽었고, 결국 작심삼일만 반복했다. 나는 여전히 미루고, 게으르고, 부족했다.

첫째 아이를 키우면서 '육아'라는 새로운 세계 속에서 심하게 허우적댔다. 나 혼자 감당하기에 벅찼다. 내가 가진 지식만으로 키우자니 뭔가 잘못하고 있는 것 같았다. 이렇게 애를 키우면 안 되겠다 싶어 더 나은 방향으로 나아가고자 육아서를 닥치는 대로 읽기 시작했다.

육아서에 나오는 내용을 바로 따라 했지만, 잘 되지 않았다. 그럴수록 자책했다. '저 엄마는 저렇게 했다는데, 나는 왜 잘 안 되지? 내가 문제인가 봐.' 그리고 또 다른 책을 찾았다. 자기계발서에서 육아서로 책 종류만 바뀐 것이었다. 읽고 난 뒤 내 모습은 항상 똑같았다.

자기계발서와 육아서를 읽으며 내린 결론은 한결같았다. 책을 읽을 때마다 나는 너무 부족한 사람이었다. '실천을 잘 못 하는 사람, 해도 잘 안 되는 사람'. 그럴 때마다 나를 채찍질했다. '이거로는 안 돼. 아직 한참 부족해. 더 노력하란 말이야!' 이렇게 수없이 나를 비난했고, 내 부족한 점만 꼬집어서 차갑게 말했다.

그래도 내 모습은 좋은 방향으로 바뀌지 않았다. 점점 좌절감만 커지고, 자책 모드로 수없이 빠졌다. 지쳐 쓰러지고 싶을 때도 마찬가지였다. 나 자신은 이 세상에서 가장 차디찬 비평가였다. 내가 가진 높은 기준에 맞추어 보면 나는 늘 부족한 엄마였다.

　그래도 어떻게든 버티며 살았다. 그러나 둘째 아이를 낳고 정도
가 심해졌다. 내가 감당할 수 없을 정도로 감정이 바닥으로 치달았
다. 가만히 있어도 하루에 수십 번 감정의 파도가 심하게 쳤다.
　두 아이를 잘 키우기는커녕 내 한 몸도 제대로 건사하지 못하고
있었다. 아이들과 있으면 나도 모르게 기분이 한없이 가라앉았다.
첫째 아이가 아토피로 피부를 긁고 힘들어할 때마다 피해버리고 싶
었다. '잘 키우지도 못할 거면서. 애를 왜 둘이나 낳은 거니. 네가 그
럼 그렇지 뭐.'
　우울의 빛이 깊을수록 나는 거기에 눌려 숨을 쉴 수 없었다. 그러
다 문득 '이렇게 살고 싶어? 우울하다고만 반복하며 살래?' 내 안에서
어떤 소리가 들렸다. '아니, 다르게 살고 싶어.' 정말이지 지긋지긋하
게 반복하는 우울함의 굴레를 끊어버리고 싶었다. 잿빛 세상 속에
나를 내팽개치기 싫었다. 모든 게 다 내 잘못이라고 탓하는 것도 그
만두고 싶었다.

　내 우울한 감정 문제를 해결하기 위해 찾은 방법은 역시 '책'이었
다. 굳이 시간 내서 어디를 가지 않아도 되었다. 딱히 돈이 많이 들
지도 않았다. 왠지 책에는 길이 있을 것 같았다. 그러면서 이번에는
그동안 내가 했던 독서 방법을 바꾸기로 하고, 난생처음 온라인 독

서모임에 참여했다. 누군가와 같이 책을 읽고 생각을 나누는 건 처음이었다. 그 모임에서 중요하게 여긴 건 '화두 독서법'이었다.

'화두 독서법'은 책을 읽은 뒤, 질문 하나를 정하고 그 답을 스스로 찾는 방법이다. 여기에서 제일 중요한 건 '생각하기'다. 책은 누군가의 의견이나 경험을 글에 담은 것이다. 이 세상에 완벽한 사람은 없고, 작가마다 다른 방법을 가지고 있다. 책을 냈다고 해서 그 말이 무조건 맞는 게 아니기에 나만의 기준을 세우고 그 안에서 판단하며 읽어야 진짜 살아있는 독서다.

안 해보던 일이 어찌 쉽겠는가. 처음에는 어려웠다. 나는 '생각'이란 걸 하면서 책을 읽은 적이 없었다는 걸 그때 알게 됐다. 그동안 내가 책을 읽어도 변화가 없었던 것은 당연한 거였다. 책을 다른 사람보다 빠르게, 많이 읽고 싶다는 욕심으로 남들 눈에 보기 좋은 독서를 해왔다. 죽은 지식을 쌓는 일에만 집중했던 셈이다. 결과적으로 내 안에 진정한 깨달음을 얻지 못했다.

소설 《토지》는 내 인생 책이 되었다. 내 인생의 독서에서 가장 큰 변화를 맛보았다. 먼저 과한 책 편식에서 벗어났다. 책을 천천히 곱씹으며 읽고 필사했다. 초반에는 타이머를 딱 15분에 맞춰놓고 그 시간 동안 완전히 집중해서 읽었다. 거기에서 나오는 마음에 닿는 1~2문장만 필사했다. 그러다 양이 늘어 하루에 소제목 하나씩 읽게 되었다.

꾸준하게 필사하다 보니, 어느 날 내 생각을 적고 싶었다. 내가 느낀 점을 짧게 기록하기 시작했다. 이것도 처음 할 때는 막막했지만 멈추지 않았다. 어느새 공책 한쪽에 짧은 필사 문장과 내 생각을 꽉 채워서 쓰게 되었다.

"공 노인은 두메며 길상이며 월선이 봉순이 모두 기찬 얘기책 속의 인물들이라는 것을 깨닫는다. 하나하나의 인생이 모두 다 기차다."

《토지》를 읽으며 내 인생 자체가 이야기책이라는 것을 알았다. 저마다 주인공으로 자기만의 이야기를 쓰고 있다. 《혼불》, 《태백산맥》까지 연결해서 읽으며 그 시대의 여자들이 얼마나 가난하고 배고프게 살았는지 알게 되었다. 지금 이 시대, 우리나라 여자로 태어났다는 사실만으로도 그저 감사했다. 지금 내가 누리고 있는 자유는 당연한 것이 아니었다. 수많은 사람이 자유를 얻기 위해 피를 흘리며 처절하게 몸부림쳤다. 나는 누군가 힘겹게 얻은 자유를 값없이 선물 받았다.

한 작품에서 600명 넘는 사람들의 이야기를 읽으며 가장 크게 바뀐 부분이 있었다. 바로 '누구라도 사정이 있겠구나' 하며 다른 사람을 이해하는 폭이 넓어진 것이었다. 내가 겉으로 보고 있는 그 사람의 모습이 전부가 아니었다. 나는 빙산의 일각만 보고 내 기준으로 다른 사람을 판단히고 있었다. 이건 나 자신에게도 마찬가지였다.

내 안에 있는 무한한 잠재력을 보지 못하고 실패하고 실수하는 모습에만 시선을 맞추고 있었다.

《토지》를 필사하는 일에 적응한 뒤로 새로운 고전 필사 프로그램에 참여했다. 아레테인문아카데미 인터넷 카페에서 진행하는 작업 프로젝트였다. 2~4주마다 고전 한 권을 깊게 읽으며 필사하는 프로그램이었다. 그동안 읽어야겠다고 엄두조차 내지 못했던 책들, 읽으면 좋겠다고 생각한 책들을 천천히 읽었다. 여기에서는 내 생각 쓰는 것을 중요하게 강조했다. 책에 밑줄을 긋고 스쳐 지나가는 생각들을 공책에 필사하며 글로 붙잡아두게 되었다.

2019년 7월부터 시작한 작업 프로젝트로 다양한 고전을 만날 수 있었다. 제목을 들으면 알지만 실제로 제대로 읽은 적 없는 책들이었다. 《데미안》, 《기탄잘리》, 《죽음의 수용소에서》, 《논어》, 《명상록》, 《어린 왕자》, 《갈매기의 꿈》, 《싯다르타》, 《새벽에 홀로 깨어》로 책장을 채워갈 때마다 뿌듯했다.

고전 필사를 할 때는 내 생각을 적는 것에 집중했다. 생각을 쓰면 쓸수록 나 자신을 더 이해할 수 있었다. 나에게 진짜 필요했던 건 차가운 비난이나 비판이 아니었다. 누군가의 사정을 제대로 이해하려면 가장 먼저 판단하려는 마음을 내려놓고, 있는 모습 그대로 수용하고 바라봐야 한다. 나 자신의 존재를 조용히 바라볼 때, 다른 사람의 이야기도 가만히 들어줄 수 있었다. 비난, 비판, 조언, 충고가 사람을 살리는 게 아니었다. 해결책은 차분한 상태에서 각자 찾을 수 있다. 그저 내 이야기를 가만히 따스하게 귀 기울여주는 벗이 있으면 충분했다. 벗은 밖에서 찾지 않아도 되었다. 내가 먼저 나에게 그런 존재가 되어줄 수 있었다.

"밤의 가장 깊은 고요 속에서만 별들은 미소를 나누며 서로에게 속삭입니다. 그렇게 찾아 다녀봐야 헛된 일이지! 모든 것은 흠 없는 완벽 그 자체인 것을."

《기탄잘리》에서 나오는 시 한 구절이다. 나는 잊고 있었다. 이 세상에 태어날 때 완벽하게 지음 받았음을 말이다. 내가 나를 부족하다고 바라볼 때, 나는 한없이 모자란 사람이었다. 하지만 나는 완벽한 존재로 태어났고 나에게는 새로운 것을 만들 수 있는 무한한 잠재력이 있다. 이 세상에서 다양하게 경험하고, 배우고 성장하려고 태어난 귀하고 소중한 존재이다.

어렵다고만 생각했던 고전 필사가 나를 바꿔주었다. 날마다 조금씩 나를 사랑하고 이해하게 되었고, 조금 부족한 부분을 당연하게 받아들였다. 거기에서 시작하고 발전하면 되기 때문이었다. 나를 위로해주고 토닥여줄 때 비로소 나답게 살아갈 수 있었다.

나는 내 모습을 있는 그대로 바라본다. 책에서 길을 찾고자 했던 내 발걸음, 이제는 책과 함께 걸으며 나를 알아가고 이해한다. 새벽에 홀로 일어나 책 속에서 빛나는 한 문장을 읽고 만년필을 꺼내 천천히 필사하며 생각을 깨운다. 그것만으로도 괜찮다. 충분하다.

3

나를 깨우는
질문의 힘

첫째 아이가 7살이 되었다. 나는 아이와 필사하기 시작했다. 처음 할 때의 두근거림이 아직도 기억에 생생하다. 나는 1년 넘게 고전 필사를 지속하면서 내 생각을 깨우는 질문이 얼마나 중요한지를 알게 되었다. 어느새 나 혼자 질문하고 내 나름의 떠오른 생각을 공책에 기록하는 것이 편안해졌다.

나는 이 방법으로 아이와 함께 필사하고 싶었다. 마음을 울린 좋은 문장을 베껴 쓰고, 서로 생각을 자유롭게 나눈다. 아이가 편안한 환경에서 경험할 수 있도록 도와주고 싶었다. 내가 먼저 필사하고 좋은 점을 충분히 느끼자, 자연스럽게 한발 더 나아갈 수 있었다. 이것이 아이와 필사하게 된 계기였다.

'어떻게 하면 아이와 편안하게 필사를 할 수 있을까?'

나에게 질문하자 신기하게 해결책이 떠올랐다. 한 번도 필사해보지 않은 아이와 무엇을 하면 좋을지 선명하게 그려졌다. 아이와 하려고 최대한 활동을 쉽게 만들었다. 방법은 다음과 같다.

내가 아이 옆에서 공책 한쪽에 고전에 나온 문장을 베껴 쓴다. 아이가 내가 쓴 문장을 보고 따라 쓴다. 그리고 생각 나누기를 한다. 이것을 5분 안에 끝낸다. 짧게 집중해서 할 수 있도록 목표를 세웠다. 일주일에 1~2일 정도 하기 시작한 것이 어느새 1년 넘게 지속하고 있는 습관으로 자리 잡았다.

아이와 필사할 문장은 내 공책에서 골랐다. 주로 나에게 감동으로 다가온 글이었다. 필사할 때는 책에 표시한 부분을 베껴 썼다. 삐뚤빼뚤 따라 쓴 아이의 글씨가 사랑스러웠다. 어느새 커서 같이 필사할 수 있다는 사실만으로도 감격스러웠다.

둘째 아이는 오빠를 보더니 자기도 연필을 달라고 졸랐다. 아이는 엄마가 베껴 쓰고 있는 책에 열심히 끼적였다. 내가 아끼는 《어린 왕자》 책 곳곳에는 둘째 아이가 끼적인 흔적이 가득했다. 낙서를 볼 때마다 웃음이 나왔다. 둘째 아이는 세 살부터 오빠가 필사하는 걸 눈으로 보고, 귀로 듣고 있던 셈이었다. 둘째 아이가 자라 함께 필사할 생각을 하면 설레었다.

"그건 마음으로 보아야 잘 보인다는 거야. 가장 중요한 건 눈에는 보이지 않아."

《어린 왕자》에서 내가 가장 좋아하는 문장을 따라 썼다. 첫째 아이에게 물어봤다.

"하민이한테 눈으로 보면 안 보이고 마음으로 봐야 볼 수 있는 건 뭐가 있을까?"

정답이 정해진 질문이 아니었다. 그저 아이가 떠오르는 것을 편안하게 말하도록 했다. 아이는 고개를 갸우뚱하더니 대답했다.

"물건들이 하는 말."

"물건이 하는 말? 아 그렇겠다. 물건이 했던 말 중에 어떤 말이 기억에 가장 남아?"

"아프다는 말."

"아 그렇구나."

"아프다는 말 듣기 쉬워. 다른 걸 밟거나, 던지거나, 치거나, 통통거릴 때는 아프다는 소리를 들을 수 있어."

"그렇겠다. 그건 마음으로 봐야 들리겠다."

"소리나 기체는 못 봐. 대신 다른 거로 봐야 해. 마음으로 볼 수 있이."

아이가 하는 말을 들으며 맞장구를 쳐주었다. 엄마의 질문을 듣고 아이의 생각이 점점 뻗어나가는 모습이었다. 어느새 본인이 알고 있는 지식을 더해 말하고 있었다. 질문이 아이의 생각을 깨워준 것이었다. 아이는 설명하면서 '메타인지 기르기'를 연습하는 셈이다.

2010년 EBS에서 〈대한민국에서 학교란 무엇인가〉란 다큐멘터리를 방송했다. 8부에서 '상위 0.1%의 비밀'이 나왔다. 우리나라 학력 상위 0.1% 아이들이 다른 아이들과 어떤 차이점을 보이는지 알아본 내용이었다.

제작진은 아이들의 아이큐, 성격, 부모 소득을 비교해보았다. 그리고 그 외 기초사고 능력, 인구통계학 변이까지 분석했다. 그런데 상위 0.1% 아이들과 다른 아이들 사이에서 큰 차이를 발견할 수 없었다. 그러다가 한 가지 큰 특징을 찾았다.

그들은 전교 2등이 오든, 전교 꼴찌가 오든 보여주는 모습이 같았다. 자신들이 아는 것을 친구들의 수준에 맞게, 이해할 수 있도록 설명했다. 친구의 어떤 질문이든 우습게 넘어가지 않았다. 이것이 바로 '메타인지'였다. 상위 0.1% 아이들이 높은 능력을 보이는 부분이었다. 텍사스대학교 아트 마크먼 교수는 '메타인지'를 이렇게 설명했다.

"세상에는 두 종류의 지식이 있다. 첫 번째는 내가 알고 있다는 느낌은 있는데 설명할 수 없는 지식이다. 두 번째는 내가 알고 있다는 느낌이 있을 뿐만 아니라 남들에게 설명할 수 있는 지식이다. 남들에게 설명할 수 있는 지식만이 진짜다. 이것은 내가 제대로 쓸 수 있는 지식이다."

이런 메타인지를 기르는 가장 좋은 방법은 무엇일까? 바로 '질문하기'다. 우리는 질문을 들으면 나도 모르게 생각을 하게 된다. 답을 설명하다 보면 알게 된다. 내가 아는지 모르는지를 말이다. 그러니 아이들이 새롭게 배운 것을 신나게 떠들 때는 가만히 들어주는 게 좋다. 그것이 바로 아이의 메타인지를 길러주는 유익한 방법이다. 거기에 중간중간 새로운 질문을 던진다면 아이의 생각은 더 선명하게 뻗어 나간다.

질문으로 자신의 무지를 알게 한 유명한 사람이 있다. 그는 바로 내가 진짜로 아는 건지, 아니면 모르는 건지를 대화로 깨닫게 했던 '소크라테스'다. 소크라테스는 누구든 알고 있는 내용에서 대화를 시작했다. 거기에서 하나씩 질문했다. 플라톤이 쓴 《소크라테스의 변명》에 나온 그가 한 말이다.

"나는 이 사람보다 지혜가 있다. 왜냐하면 그 사람도 나도 사실상 아름다움이나 선을 모르고 있지만, 그 사람은 무언가 알고 있다고 생각한 반면, 나는 모르니까 그대로 모른다고 생각하기 때문이다. 즉, 나는 모르는 것을 모른다고 깨달은, 오직 그것만으로도 내가 더 지혜롭다."

사람들은 자신이 알고 있다고 착각하고 있다. 소크라테스는 자신이 모른다는 것을 받아들였다. 나는 '모른다'를 인정하는 태도에서 진정한 지혜를 얻을 수 있다.

크세노폰이 쓴 《소크라테스 회상록》에도 소크라테스의 말이 나와 있다.

"자네는 자신을 몰라서는 안 되고, 통상적인 실수를 저질러서는 안 되네. 대부분 사람은 남의 일은 예의주시하면서도 자기를 성찰하는 일은 소홀히 하기에 하는 말일세. 그러니 이런 임무를 회피하지 말고 자네 자신에게 더 진지하게 주의를 기울이게."

이처럼 가장 중요한 나에 대해서 성찰하는 것도 질문에서 시작할 수 있다. 질문에는 나를 깨울 수 있는 큰 힘이 있다.

"어떤 아이로 키우고 싶으세요?"
내가 줌에서 육아를 주제로 온라인 강의를 할 때 가장 많이 하는 질문이다. 참여하시는 분들이 내 말을 듣고 처음에는 당황해한다. 뭐라고 대답해야 좋을지 망설인다.

"정답은 없어요. 그저 내가 중요하게 생각하는 걸 말해주시면 돼요."

그제야 그분들의 표정이 바뀐다. 안심하는 분위기다. 우리는 누가 물어보면 꼭 정답을 말해야 할 것 같다. 그래야 내가 잘난 사람이 된 기분이다. 그렇지만 내가 중요하게 생각하는 가치는 어떤가. 답이 정해져 있는가? 아니다. 신념은 저마다 다르다. 참여하시는 분들께 물어본다. 그분들은 떠오르는 대로 답한다.

"행복한 아이요."

"건강한 아이요."

"책임 있게 행동하는 아이요."

"맞아요. 그런 아이로 키우고 싶죠. 그렇게 하려면 어떤 것을 해주면 좋을까요?"

질문이 끝난 줄 알았더니 더 물어보니 당황스럽다. '이 사람은 왜 이렇게 자꾸 물어보지? 그냥 내용만 전달하지.' 싶을 것이다. 학생일 때 보는 시험 문제는 정답이 정해져 있었다. 하지만 인생은 어떤가. 딱 정해진 답이 없다. 그저 내가 해결해나가야 하는 상황이 일어날 뿐이다. 세상의 흐름에 아무 생각 없이 순응하며 살지, 생각하며 살아갈지도 내 선택이다.

나를 제대로 깨울 수 있는 건 바로 질문의 힘이다. 누구도 나에게 질문하지 않을 수 있다. 그러나 나는 나에게 질문을 던질 수 있다.

나는 주로 고전을 필사하면서 내 생각을 깨우고 있다. 그리고 산책하면서 생각이 더 선명해지는 것을 느낀다.

당신은 자신을 깨우기 위해 어떤 질문을 하고 싶은가? 질문에 대한 해결책은 당신 안에 있다. 오늘 나에게 물어보자. 그리고 내가 무슨 생각을 하는지 가만히 들어보자. 거기에서부터 진짜 나를 알아갈 수 있다. 질문은 잠자고 있는 나를 깨우는 선물이다. 그 선물을 내 손으로 하나씩 열어보는 건 어떨까?

4

오늘도 내 꿈에
한 발 더 가까워지고 있다

"앞으로 무엇을 하고 싶은지, 내 20대와 30대의 가족계획을 써보
세요."

학창 시절에 장래 희망과 가족계획을 숙제로 한 적이 있었다. 나
는 20대에 결혼해서 아이를 네 명 낳을 거라고 썼다. 그것도 아들 2
명, 딸 2명을 낳으면 좋겠다면서. 4명이라니! 천진난만했다. '셋째는
없어!'를 선언한 지금, 그때를 생각하면 웃음이 나온다.

거기에 현모양처가 될 거라고 덧붙였는데, 현재 나는 현모양처와
거리가 먼 삶을 살고 있다. 아마도 가정 시간 숙제여서 그 과목에 맞

게 생각했나 보다. 나는 10대에 딱히 특별한 꿈을 꾸지 않았다. 그저 공부를 잘해서 좋은 대학에 들어가는 것만 바랐다. 내가 무엇을 하면 좋을지, 어떤 것을 잘할 수 있을지, 어떻게 인생을 재미있게 살 수 있을지를 생각하지 않았다.

"엄마 나는 지구를 지키는 사람이 될 거예요. 그래서 우주 비행사는 안 하려고요. 로켓을 쏘면 공기가 오염되잖아요. 시골에 집 짓고 살고 싶어요. 내가 먹을 것도 길러서 먹고, 동물도 키우고 싶어요."

첫째 아이는 어린 시절의 나와 좀 다른 모습이었다. 6살부터 무엇이 되고 싶은지 자주 말했다. 첫째 아이는 한동안 우주에 관심이 많았다. 우주 비행사가 되어서 우주에 나가고 싶다고 했다. 그러다가 8살이 되더니 바뀌었다. 학교에 다니면서 환경을 지키는 일에 관심이 생긴 후, 우주 비행사의 꿈을 고이 접었다. 지구를 오염시키면 안 된다나? 8살 아이가 시골에 집을 짓고 싶다고 그런다. 물이 가까운 곳이면 더 좋겠다니, 듣고 있으면 재미있다. 아이와 나는 이토록 다르다. 나는 시골에 가서 살고 싶은 마음이 없기 때문이었다.

내가 할 일은 아이의 말을 있는 그대로 가만히 들어주는 것이다. 그러다 한 번씩 아이에게 질문으로 생각을 깨워줄 수도 있을 테다. "너는 뭘 할 때 재미있어?", "요즘 어디에 관심이 생겼어?", "지금 너에게 중요한 건 뭐야?" 아이가 자신의 관심을 생각해보게 도와주는 것도 괜찮다.

그래도 경제신문에서 우주 관련 기사가 나오면 아이에게 읽어주고 있다. 2021년 6월 13일 자 매일 경제신문에 실린 베이조스와 함께하는 우주여행 로켓 티켓을 경매한 기사를 아침에 보았다. 읽고 아이에게 바로 말했다. "티켓 값이 얼마인 줄 알아? 312억이래. 이제 우주로 여행할 수 있는 시대야." 그리고 베이조스의 꿈에 대해서도 덧붙였다. "베이조스는 5살부터 우주여행을 꿈꿔 왔대. 하민이도 우주에 나가고 싶었잖아. 베이조스도 그랬나 봐. 그래서 돈을 아주 많이 벌었어. 지금은 우주여행 개발하는 데 쓰고 있어."

2021년 3월에 카카오 김범수 의장이 사회에 5조를 환원하겠다고 발표했다. 그는 수년 전부터 사회문제 해결과 카카오톡의 미래에 대해서 계속 이야기해왔다고 한다. 이제는 자신의 재산을 '카카오만의 방식'으로 사회에 기부하기로 했다. 그는 2021년 3월 카카오톡 출시 10주년을 맞이해 전 직원에게 '카카오가 태어나기 전보다 조금이라도 더 나은 세상을 만드는 데 모두의 지혜를 모아 주시기 바란다'는 메시지를 보냈다고 한다.

그의 카톡 프로필 메시지는 '더 나은 세상'이 적혀있다. 이는 랄프 월도 에머슨이 쓴 《무엇이 성공인가》 시에 있는 한 구절에 담긴 내용이다. 시의 일부분은 다음과 같다.

건강한 아이를 낳든
한 뙈기의 정원을 가꾸든
사회 환경을 개선하든
자기가 태어나기 전보다
세상을 조금이라도 살기 좋은 곳으로
만들어놓고 떠나는 것
자신이 한때 이곳으로 살았음으로 해서
단 한 사람의 인생이라도 행복해지는 것
이것이 진정한 성공이다

우리는 저마다 다른 꿈을 꾸며 성공을 향해 나아간다. 어떤 사람은 내가 좋아하고 잘하는 것에서 꿈을 정한다. 거기에 한 발 더 나아가는 이들도 있는데, 그들은 나뿐만 아니라 다른 사람에게도 좋은 것을 생각하는 꿈을 꾼다. 이것이 '이타성'이다. 나만을 위한 것이 아닌 다른 사람까지 생각하는 것이다. 이런 이타성이 꿈과 연결되었을 때 어떤 결과가 나올까?

《그릿》에 보면 데이비드 예거와 데이비드 파우네스쿠가 한 장기적인 실험 연구 결과가 나온다. 고등학생들에게 "어떻게 하면 세상이 더 살기 좋은 곳이 될 수 있는가?"란 질문을 했다. 그리고 이를 학교에서 배운 내용과 연결해 대답하게 했다.

이런 삶의 목적에 대한 성찰은 놀라운 결과로 나왔다. 학생들이 시험을 앞두고 공부하는 시간이 증가했다. 그들은 시험 기간에 재미있는 비디오를 볼 수 있었지만, 오히려 수학 문제를 열심히 풀었다. 그리고 과학과 수학 성적이 향상되었다.

사람들에게 목적지향과 쾌락지향에 따른 문제를 주었다. 그리고 그릿 척도를 검사했다. 여기에서 '그릿'은 IQ, 재능, 환경을 뛰어넘는 열정적 끈기의 힘을 일컫는다. 검사지 문항에는 '즐겁게 사는 것이 좋은 삶이다'와 '내가 하는 일은 사회에 중요하다'가 있었다. 그릿이 높은 사람은 어땠을까? 그들은 의미 있고, 타인 중심적인 삶을 추구하는 동기가 더 높았다. 게다가 자신 인생의 궁극적인 목적을 내 주변 세계와 밀접하게 생각했다.

사람들은 다른 사람을 위한 것을 만들 때 더 창의적으로 생각한다는 연구 결과가 있다. 위스콘신대학 경영대 행동 과학자인 에반 폴만 교수가 한 가지를 실험했다. 연구진은 사람들에게 창의적인 아이디어가 필요한 몇 가지 문제를 풀게 했다. 예를 들면 옥탑에 갇혀서 탈출하는 방법을 생각하는 것이었다.

실험에 참가한 사람 일부에게는 자신과 다른 사람을 위해 문제를 해결하도록 제시했다. 결과는 놀라웠다. 자기 자신만을 위해 문제를 풀려고 한 사람보다 자신과 다른 사람을 위해 문제를 풀었던 사람들이 발상의 전환을 더 잘했다. 그리고 그들이 창의적인 아이디어도 더 많이 생각해냈다.

나는 둘째 아이를 키우면서 내 꿈을 새롭게 그리게 되었다. 어느새 나뿐만 아니라 다른 사람에게도 좋은 것을 주고 싶다는 내 사명까지 발견했다. 내 소명과 관련된 더 큰 꿈을 가지게 된 것이다. 내 꿈은 '다른 사람에게 좋은 것을 주며 함께 성장하는 사람'이다. 여기에서 좋은 것이란 책·영상·글·강의 등을 폭넓게 포함한다. 《나는 왜 이 일을 하는가? 2》란 책을 만나게 되면서 내 꿈을 더 명확하게 그릴 수 있었다.

이 책은 내가 어떤 것을 결정할 때 가장 크게 영향을 주는 부분을 생각하게 한다. 이것이 바로 나의 'Why'다. 여기에서 말하는 'Why'는 그동안 내가 가지고 있는 가치관이나 신념과 깊게 연결되어 있다. 나만의 'Why'는 지금까지 살아온 내 인생 스토리를 짚어보면서 찾을 수 있다. 이것을 정확하게 갖고 있는 사람과 그렇지 않은 사람의 차이는 무엇일까? 책에서 설명하는 바는 다음과 같다.

"어떤 행동이나 판단을 할 때 나만의 기준이 생겨 사업에서, 커리어에서, 인생에서 의식적인 선택을 할 수 있게 된다. 모든 선택과 결정에서 '감'이 아닌 명확한 판단 기준을 가지게 되는 것이다"

내 'Why'를 정하고 이를 실천하기 위한 'How'를 5가지로 뽑았다. 이때부터 내 기준에 따라 선택하는 게 더 쉬웠다. 그리고 바로 나에게 맞게 실천할 수 있었다. 내 블로그의 이름을 '함께 성장하는 행꿈 배움터(행동하며 꿈을 이루어가는 배움터)'로 바꾸었다. 그리고 나에게 '행동하는 꿈쟁이, 이 구역의 토닥왕'이라는 별명을 지어주었다. 블로 그에는 내 색깔을 담은 글을 써서 사람들에게 좋은 정보를 주고 있 다.

　나는 책을 쓸 때도 마찬가지였다. 다른 사람과 함께 성장하고 싶 은 마음을 담아서 글을 썼다. 이 책을 쓰게 된 동기도 같다. 두 번째 육아휴직을 하고 나서 너무 우울했다. 그러나 그 상태에만 머무르지 않았다. 내 우울함을 극복하고자 나만의 방법으로 하나씩 새로운 결 과를 만들었다. 내가 육아휴직하고 변한 3년 동안의 경험을 다른 사 람과 나누고 싶었다. 그리고 내가 그랬던 것처럼 육아로 힘들어하 고, 우울해하는 분들에게 손을 내밀고자 썼다.

　"내 신념을 공개적으로 이야기하기 위해 용기를 가져야 했다. 그 래서 나 자신을 드러내는 것을 극도로 싫어함에도 불구하고 나는 문 장 하나도 빠지지 않도록 세심한 주의를 기울였다."

　《죽음의 수용소에서》를 쓴 빅터 프랭클이 책 앞부분에 밝힌 마음 이었다. 그의 글을 읽고 크게 공감했다. 우리가 나를 드러낼 때 필요 한 건 무엇일까? 바로 '용기'다. 나 역시 마찬가지였다. '다른 사람에 게 내 이야기를 해도 괜찮을까?' 걱정했다. 누군가가 나를 평가한다 고 생각하니 두려웠다. 하지만 두려움은 피하지 않고 정면으로 나갈 때 사라질 수 있다.

나는 책을 쓰는 지금 이 순간에 집중한다. 이것은 내 꿈에 가까워지는 도전이기 때문이다. 오늘도 다른 사람들에게 좋은 것을 나누며 성장하고 있다. 그리고 내 꿈을 향해 걸어가고 있다. 앞으로도 나답게 용기를 내서 계속 한발씩 내디딜 것이다. 당신은 오늘 어디를 향해 나아가고 있는가? 당신의 꿈에 가까워지도록 조금씩 앞으로 나가면 어떨까.

5
나는 내 연극 무대만 보면
되는 거였다

"솔개는 말이 멋있게 우는 소리를 듣고 말을 흉내 냈다. 솔개는 아무리 노력해도 말의 울음소리를 제대로 배울 수가 없었고, 그러는 사이에 제 목소리마저 잃어버렸다."

《이솝우화》에 나오는 솔개 이야기다. 솔개는 말의 멋있는 울음소리가 부러웠다. 그래서 열심히 노력해서 말의 울음소리를 따라 하려 했지만 솔개는 말이 될 수 없었다. 결국 자신의 목소리마저 잃어버렸다. 솔개는 내가 가진 좋은 것을 보지 못했다. 그저 남의 재능을 부러워하고 그것만 따라 하려고 한 노력이 초래한 결과였다. 나도 그랬다. 내 눈에 보이는 다른 사람이 가진 것을 부러워했다. 그때마다 나는 좌절했다.

고등학교 친구 중에 서울로 대학을 가는 아이들이 있었다. 나는 그 애들이 한없이 부러웠다. 나도 서울에 있는 대학으로 가고 싶었지만 내 수능 시험 결과로는 거기에 갈 수 없었다. 스무 살 시작부터 친구들과 차이 난다고 생각하니 눈물이 났다. 시험을 잘 보지 못한 내가 싫었다. 공부를 더 열심히 하지 않은 것을 후회했다.

대학교 친구 중에서 남편과 결혼해서 미국으로 간 이가 있었다. 나는 그 애가 너무나 부러웠다. '남편 따라서 미국에 가서 얼마나 좋을까? 영어도 배우고, 자유롭게 살고!' 그때 남자친구도 없었던 나는 여태 뭐 하며 살았나 싶었다. 왜 나를 외국으로 데려가 주는 남편이 없는가. 내 신세를 한탄했다.

첫째 아이 임신을 했다. 나보다 몇 개월 먼저 임신한 직장 동료가 있었다. 그는 자신의 출산 준비 이야기를 들려주었다. 이번에 스토케 유모차를 미리 샀다고 했다. 아이의 안전을 위해 좋은 유모차로 정했단다. 나는 그때 처음으로 '스토케'란 단어를 알게 되었다. 도대체 어떤 유모차인지 궁금해서 인터넷으로 '스토케'를 검색했다. 유모차의 값을 보고 내 눈을 의심했다. 유모차 한 대가 백만 원 단위였기 때문이다. 내 형편에는 그 정도 되는 좋은 유모차를 살 수 없었다.

갑자기 돈 없는 내 처지가 초라했다.

워킹맘일 때 첫째 아이가 자주 아파서 힘들어하고 있던 때였다. 나는 아이가 아플 때마다 맡길 곳이 없어서 늘 전전긍긍했다. 친정 부모님과 가까이 사는 지인은 아이가 아프면 언제든 친정 엄마에게 도움을 청했다. 그 사람이 진짜 부러웠다.

나는 내 기준에서 나보다 형편이 좋아 보이는 사람을 한없이 부러워했다. 그들에게 질투를 느꼈다. 비교할수록 더 심하게 우울했다. 다른 사람과 견주어서 나는 부족하다고 생각했고, 비교하는 마음은 내 부정적인 감정을 더 깊은 바닥으로 끌고 갔다.

누군가와 나를 비교할 때는 상대방의 겉모습만 보고 판단했다. 그 사람들의 속사정까지 생각하지 않았고, 그저 내가 갖지 못한 부분에만 집중했다. 나는 무엇을 갖고 있고, 어떤 것을 할 수 있는지는 생각하지 않았다. 마음에서 비교하고 그 결과 우울하다는 것만 반복했다. 더는 그렇게 다람쥐 쳇바퀴 돌 듯 살고 싶지 않았다. 내 굳어진 사고 패턴을 깨뜨려야 했다.

나는 내가 가진 것부터 보기로 했다. 무엇을 하든 지금 내 수준에서 시작했다. 오직 어제의 나와 오늘의 나만 견주어보기로 마음먹고, 어떤 결정을 하든 나를 중심에 두었다. 다른 사람을 볼 때도 다르게 바라보았다. 하나라도 내가 배울 것을 찾는 것에 마음 썼다. 자기계발서나 육아서를 읽을 때도 내가 배우고 실천할 것이 무엇인지 판단해서 걸러 보았다.

    나는 처음에 책을 쓸 때 자신이 없었다. 나는 누가 알아주는 전문가가 아니었다. 내가 아이와 했던 것들이 다른 사람에게 얼마나 도움이 되나 싶었다. 하지만 그건 내 고정관념일 뿐, 초보 엄마에게는 내 경험이 도움이 될 수 있었다. 내 책을 읽고 나처럼 책 쓰기에 도전한 지인들도 있는데, 그럴 때마다 내가 더 뿌듯했다.

    책이 세상에 처음 나왔을 때, 나는 두렵고 떨렸다. 첫 책이 나오자마자 베스트셀러가 되고 높은 판매지수를 보여주는 분들이 있었지만 내 책은 그렇지 않았다. 그런 부분만 놓고 비교하면 나는 부족한 사람이었다. 그러나 첫 책이 나오자마자 잘 되었던 사람은 나와 시작점이 달랐다. 그들에게는 이미 자기 분야에서 실력을 쌓아온 긴 시간이 있었다. 단순하게 책만 보고 비교하려는 내 태도는 틀렸다. 나는 그저 나답게 내 이력을 만들어가기로 했다.

    나는 2020년 6월에 문화센터에서 〈홈스쿨링〉 오프라인 강의를 제안 받았다. 이를 수락하고 어떤 분들을 만나게 될지 설레었다. 사람들 앞에 서서 말할 생각을 하니 떨렸다. 하지만 코로나19로 강의를 신청한 사람의 수가 적어서 줄줄이 폐강됐다. '다른 사람은 문화센터에서 강의를 잘만 하던데. 나는 왜 이럴까?' 보이는 현상으로 비교하는 마음이 들면 나는 실패한 사람이었다. 그러나 그건 내가 어떻게 할 수 없는 상황이었다. 이럴 땐 내가 할 수 있는 것에 눈을 돌리면 되었다.

그 뒤로 나는 도서관에서 진행하는 〈줌 온라인 강의〉를 하게 되었다. 이번 기회에 나만의 새로운 강의 시스템을 만들고 싶었다. 나는 업무 담당자에게 수업을 듣는 분들이 같이 실천할 수 있도록 오픈채팅방을 만들어달라고 요청했다. 누구도 나에게 이렇게 하라고 말한 게 아니었다. 그저 내가 좋아서 강의를 듣고 오픈채팅방에서 실천하는 시스템을 만들었다.

그동안의 나는 좋다는 강의를 들어도 그때뿐이었다. 내가 행동하지 않으면 나란 사람은 절대 바뀌지 않았다. "똑같은 일을 반복하면서 다른 결과를 기대하는 일은 미친 짓이다."라고 한 아인슈타인의 말은 딱 맞다. 강의만 듣는다고 내 삶이 바뀌는 게 결코 아니었다. 내가 행동으로 옮겼을 때만 진정한 변화가 일어났다. 그래서 짧은 기간이라도 함께 실천해보는 걸 경험할 수 있도록 도와드리고 싶었다.

"저는 악필이에요. 글씨 잘 쓰는 사람을 보면 부러워요. 글씨를 좀 잘 쓰고 싶어요."

"다른 사람이 날마다 필사한 걸 올리니까 그만두고 싶어졌어요. 그래도 딱 10번만 인증하면 된다고 해서요. 그래 10개만 하자고 했어요. 막상 10개까지 해내고 보니 뿌듯해요. 수업이 끝나도 계속 필사하는 습관을 갖고 싶어요."

오픈채팅방에서 필사한 것을 인증하다 보면 내가 가지지 못한 것부터 보이기 마련이다. 날마다 인증하는 분은 자기 글씨체가 마음에 안 든다고 한다. 또 어떤 분은 누구는 날마다 인증하는데 자기는 그렇지 못해서 속상해 그만두고 싶다고 한다.

나는 그때마다 "괜찮아요. 그럴 수 있어요. 아주 많이 잘하고 있어요."라고 말해드린다. 그분들의 마음을 토닥여드린다. 비교는 누구에게나 쉽게 들 수 있는 마음이기 때문이다. 오히려 나는 한 분씩 잘한 부분을 콕 짚어서 칭찬 메시지를 남겨드리고 채팅방에서 꼬박꼬박 인증하시도록 응원한다. 그러면 신기하게도 수업에 참여한 분들이 대부분 마지막 날에는 목표한 양을 해낸다. 다른 사람과 비교하지 않고 힘들지라도 포기하지 않고 끝까지 해내는 힘을 기르도록 도왔다. '나도 성공했다! 해냈다!'를 느끼도록 마음 썼다.

윤여정 배우는 영화 《미나리》로 2021년 미국 아카데미에서 한국 배우 최초로 여우조연상을 받았다. 그의 유창하고 재치 있는 영어 입담은 큰 이슈로 떠올랐다. 수상 소감에서 그는 이렇게 말했다.

"저는 경쟁을 믿지 않아요. 제가 어떻게 글렌 크로즈를 이기겠어요? 다섯 명 후보 모두 자기 영화에서 수상자예요. 우리는 각자 다른 역할을 연기했어요. 그러니 우리가 서로 경쟁할 수 없죠."

다른 영화에 나온 배우들과 나를 비교하는 건 의미가 없다. 그저 그는 자신의 역할에 최선을 다할 뿐이다. 윤여정은 배우 인생 50년을 그에 맞게 묵묵하게 해왔다. 그러기에 73세란 나이에 미국까지 가서 영화 촬영을 할 수 있었다. 그가 온전히 자기 배역에 집중해서 이룬 결과다.

"기억하라. 그대는 연극배우다. 극작가가 원하는 대로 단편이면 짧게, 장편이면 길게 주어진 역을 연기하는 배우다. 만약 극작가가 그대에게 걸인 역할을 맡긴다면 그에 충실한 연기를 펼쳐야 한다. (중략) 그대의 일은 맡은 역할을 잘 연기하는 것이며 역을 배정하는 것은 다른 사람의 일이다."

고대 그리스 스토아학파의 대표적인 철학자 에픽테토스가 한 말로《엥케이리디온》에 나온 글이다. 이처럼 내가 지금 최선을 다해야 하는 건 나에게 주어진 배역이다. 그 역할의 대사, 행동에 집중해야 연극을 무사히 끝낼 수 있다.

나는 지금 나만의 연극 무대에서 연기하고 있다. 내 무대의 주인공은 바로 나다. 내 연극 무대에 정성과 마음을 쏟아야 이 연극을 제대로 끝낼 수 있다. 그래야 연극의 막이 내렸을 때, '이번에 잘 해냈어!'라며 뿌듯한 마음으로 무대에서 내려올 수 있다. 다른 사람의 연극이 인기가 더 많고, 잘 되고 있다고 부러워해도 소용없다. 그건 내 것이 아닌, 그 사람의 인생이기 때문이다. 당신은 어떤 연극 무대를 보고 있는가? 내 것인가, 남의 것인가.

6
하루 10분,
나와 만나는 시간

"나뭇가지 위에 앉은 모든 새들은 이제는 그의 마음과 영혼을 향해 노래한다. 새들의 노래를 알아들을 수 있을 정도가 된다. 그가 하늘의 구름을 올려다보면 구름에도 표정이 있다. 숲속의 나무들, 너울거리는 풀들, 얼굴을 드러낸 꽃들에도 점점 더 큰 의미가 생긴다."

나는 한동안 새벽에 랠프 월도 에머슨의 《세상의 중심에 너 홀로 서라》를 읽으며 필사했다. 이 글을 읽고 난 뒤에 갑자기 '나 오늘부터 산책해야겠어!!!'라는 강한 마음이 들었다. 사실 몇 주 전부터 자꾸 기운이 빠져 몸에 힘이 없었다. 의욕이 사라진 느낌이었다. 그래서였을까. 그냥 밖으로 나가서 무작정 걷고 싶었다. 집 주변을 산책하면서 자연을 느끼고 싶었다.

　그때가 2020년 8월이었다. 한창 코로나19가 퍼져서 아이들과 밖에 나가는 걸 조심하고 있을 때였다. 그래도 산책길이나 낮은 산은 마스크를 쓰고 혼자 걸으면 괜찮을 것 같았다. 우리 집 근처에는 산책할 만한 길이 있었다. 그리고 한새봉이란 낮은 봉우리도 있었다. 그동안 '한번 가봐야지.'라고 생각만 하고 새까맣게 잊고 살았다. 아침 루틴을 마치고 7시에 마스크를 쓰고 집 밖으로 나와 산책길을 천천히 걸었다. 새소리가 들렸다. 잔잔한 바람이 내 얼굴을 스쳐 지나갔다.

　'나온 김에 한새봉까지 갔다 와볼까?' 걷다 보니 문득 한새봉을 오르고 싶었다. 내 발길은 이미 한새봉 주변 산길을 오르고 있었다. 헉헉 숨이 차오르고 땀이 났지만 걸을수록 기분 좋은 에너지가 솟아올랐다. 새롭게 뭔가 만들어보고 싶었다. 내가 무엇을 하고 싶은지 내 머릿속에 선명하게 떠올랐다. 하나는 '산책을 같이할 온라인 모임 만들기'이고, 다른 하나는 '책 쓰기'였다.

　떠오르자마자 나는 바로 실천했다. 우선 함께 산책하는 온라인 모임부터 만들었다. 이번에는 단톡방 인증이 아닌 다른 형태로 해보고 싶어서 블로그에 글을 썼다. 같이 산책하는 분들을 모으는 뜬금 이벤트로 〈코로나 블루 함께 이기는 가치 산책 이벤트〉를 열었다.

내용은 '2주 동안 하루에 10분 산책하기'였다. 성공 기준은 2주에 5회 참여하기로 정하고, 한 번 할 때마다 1,000원씩 적립하기로 했다. 총 금액 5,000원을 넘게 모아서 자신에게 선물하는 형태였다. 그걸 해낸 분 중, 몇 분께 선물을 드리겠다고 했다. 그 덕분에 나는 꾸준하게 산책을 하게 되었고, 이때 만든 산책 습관을 지금까지 지속하고 있다.

다른 하나는 '세 번째 책' 쓰기였다. 신기하게도 걸으면서 어떤 내용을 책에 담으면 좋을지가 그려졌다. 책의 전체 흐름이 머릿속에서 잡혔다. 그때마다 나는 휴대폰 메모 앱에 바로바로 적었다. 그동안 브런치에 썼던 〈홈스쿨링〉글과 새로 떠오른 주제를 묶어《공부머리가 쑥쑥 자라는 집안일 놀이》가 세상에 나올 수 있었다.

지금 쓰는 이 책도 산책하면서 갑자기 떠오른 질문에서 시작됐다. '복직하기 전에 무엇을 하면 가장 뿌듯할까?' 답으로 떠오른 건 '책 쓰기'였다. 내가 휴직하고 했던 것들을 한 권의 책에 담으면 가장 보람차겠다는 마음이 들었다. 그래서 책을 쓰기 시작했다. 모든 건 산책 덕분이었다.

라틴어로 '솔비투르 암불란도(solvitur ambulando)'라는 말이 있다.

'걸으면 해결된다'라는 뜻이다. 아우구스티누스 같은 여러 고대, 중세 철학자들이 입에 즐겨 올렸던 말이었다. 철학자나 창조적인 작업을 하는 사람들의 공통된 습관 중 하나는 '산책'이었다. 고대 그리스 철학자인 아리스토텔레스는 소요학파(산책학파)를 세웠다. 그가 세운 '리케이온'에서는 제자들과 함께 걸으며 사색하고 토론했다.

라파엘로가 그린 그림《아테네학당》을 보면 중앙에 두 사람이 있다. 서로 마주 보고 걸으며 이야기를 나누는 모습이다. 붉은 망토를 걸친 사람은 플라톤, 하늘색 망토를 걸친 사람은 아리스토텔레스다. 이 그림에서 왼쪽에는 아폴론 조각상 근처에 서서 이야기를 나누는 소크라테스가 있다. 제자들도 서서 그의 이야기를 듣고 있다. 걸으며 이야기를 나눈 그리스 철학 문화를 그림을 통해 상상할 수 있다.

칸트의 산책 일화는 유명하다. 그는 80세까지 건강하게 살았다. 그 시대 독일인의 평균수명보다 장수한 것이다. 그가 산책한 시간은 오후 3시 30분이었다. 이웃 사람들은 그를 보며 시계를 맞추었다고 할 정도로, 칸트는 사계절 내내 똑같은 산책로를 걸었다.

베토벤은 "나의 악상은 예상치 않은 때에 온다. 자연에서, 산책하면서, 이른 새벽에 오는 것을 나는 음표로 바꾼다."는 말을 남겼다. 그 역시 숲속을 산책하면서 작곡하는 습관이 있었다. 피아니스트 백건우 씨는 61세에 베토벤의 피아노 소나타 전곡을 연주하기 위해 산책했다. 베토벤처럼 뒷짐을 지고 '베토벤 산책로'라 불리는 오스트리

아 빈의 숲나무 사이를 거닐었다. 베토벤의 음악을 제대로 알려면 자연이 주는 영감을 이해할 수 있어야 해서 그렇게 했다고 말했다.

정약용도 유배지 다산초당에서 강진 백련사까지 오솔길을 걸었다. 걸으며 그에게 중요한 '목민'을 생각했다고 한다. 그는 강진에서 18년 유배 생활을 하는 동안 500권이 넘는 저서를 남겼다.

MK 유튜브 대학을 만들고 학장으로 활발하게 활동하고 있는 김미경 씨. 그는 코로나19로 오프라인 강의를 한 개도 할 수 없게 되어, 갑자기 회사 운영에 큰 위기를 맞았다. 그때 그가 이 상황을 이겨나가기 위해 한 일은 바로 밖으로 나가 2시간씩 걷기였다. 그러면서 하나씩 해결 방법을 찾았다고 말했다.

산책과 건강의 효과를 연구한 결과들도 있다. 2007년에 영국 마드리드 대학교와 노르웨이 생명과학대학교의 합동 연구서에는 사람이 자연을 바라볼 때 어떤 효과가 있는지를 발표했다. 사람들이 자연 경관을 보는 것만으로도 스트레스나 정신적인 피로가 더 잘 풀렸고, 질병에서 회복되는 속도도 빨라졌다고 했다.

2012년에 미국 피츠버그 대학의 커크 에릭슨 생리학 교수는 노인이 걷기 운동을 오래 계속하면 뇌의 기억 중추인 해마의 크기가 커진다고 발표했다. 그는 평소 운동을 하지 않는 치매 증상이 없는 노인 120명을 두 그룹으로 나누었다. 한 그룹은 매주 3번씩 걷기 운동을 하게 했고, 다른 그룹은 스트레칭과 근육 강화 토닝 운동을 하게 했다.

1년 뒤 자기공명영상(MRI)으로 두 그룹의 뇌를 스캔한 결과, 걷기 운동을 한 그룹은 해마의 크기가 2%나 커졌다. 반면 스트레칭과 근육 강화를 한 그룹은 오히려 1.5% 줄어들었다. 그는 "해마는 평생 크기가 변하는 특성이 있으며 걷기 운동으로 그 크기를 늘릴 수 있다."고 말했다.

게다가 2017년에 영국 엑서터 대학교에서 진행한 연구 결과에서는 도시에 있는 식물의 존재를 언급하기도 했다. 식물은 도시에 사는 사람들의 우울증과 불안, 스트레스 인지도를 떨어뜨린다고 발표했다.

이처럼 산책을 하는 것은 고대부터 지금까지 내려오는 습관이다. 우리 몸에도 좋을 뿐 아니라, 새로운 것을 생각하고 결정할 때도 이롭다. 미네소타 대학의 경영학자이자 심리학자인 조엔 마이어스 레비 교수는 그의 연구에서 '새로운 아이디어를 만들어내기 위해 필요한 3가지'를 꼽았다. 첫째는 높은 천장, 둘째는 넓은 공간, 그리고 셋째는 접근 동기다. 여기에서 '접근 동기'는 좋은 것을 갖고 싶어 하는 마음이다. 내 몸을 탁 트인 넓은 공간에 데려다 놓는 것이 새로운 생각을 할 수 있게 해준다.

"그냥 걷기만 하는 건 좀 심심했어요. 그래서 밖을 걸을 때는 누군가와 통화를 했어요. 이번처럼 내 온몸에 집중하며 산책해본 건 처음이에요. 확실히 더 좋아요. 재미있어요."

2020년 11월에 〈토닥토닥, 엄마 육아〉 온라인 강의를 하면서 3주 동안 산책하는 과제를 냈다. 하루에 딱 10분만 시간 내서 하는 것이었다. 그때에는 다른 것을 하지 않게 했다. 오로지 내 몸과 호흡에만 집중하고 걸으며 '사랑해, 고마워, 괜찮아, 그럴 수 있어'를 자신에게 말해주도록 했다. 하면서 내 마음이 편안해졌다는 분들이 많았다. 내 몸에 집중할 수 있어서 좋았다는 분도 있었다.

하루에 딱 10분만 시간을 내도 괜찮다. 그 시간 동안 걸으면서 나와 온전하게 만날 수 있다. 당신은 10분 동안 무엇을 해보고 싶은가? '10분밖에 없어'라며 흘려보낼 것인가. 아니면 '10분만 걸어볼까?'며 집 밖으로 나갈 것인가.

모든 건 당신의 선택에 달려있다. 10분이란 짧은 시간이 나를 깊게 만나는 순간으로 바뀔 수 있다. 나에게 맞는 것들을 생각하고 결정하는 힘을 키워준다. 하루에 딱 10분, 귀한 나를 온전하게 만나는 시간으로 보내면 어떨까.

4장

미라클 타임을 위한 환경 설정

1
(할 일) 무엇을 할 것인지 정하라

이제부터는 나만의 미라클 타임을 만들기 위해 환경을 설정할 것이다. 지금까지 미라클 타임이 무엇인지, 미라클 타임을 만들기 위해 어떤 것들을 하면 좋은지를 알아봤다. 다음으로 할 일은 실천하기 위한 시스템을 하나씩 만드는 것이다. 여기에 나온 내용을 읽고 참고해서 나에게 맞게 바꿔보자. 책에 있는 그대로 똑같이 하지 않아도 괜찮다.

니체는 말했다. "고민하는 사람은 언제나 틀에 박혀 있다. 기존의 사고 방식과 감정이 부유하는 비좁은 상자 속에 갇혀있다." 어제와 똑같은 오늘을 반복하면서 내 삶의 변화를 기대할 수 없다. 달라지고 싶다면 먼저 내 습관부터 새롭게 만들어야 한다. 나만의 미라클 타임을 만들기 위한 환경 설정으로 무엇부터 하면 좋을까? 그것은 바로 앞으로 내가 할 일을 정확하게 정하는 것이다.

"남자는 아내가 힘이 달리지 않을까 걱정도 되고 아내를 보고 싶기도 하여 뒤돌아보고 말았다. (중략) 불행히도 그의 손에 잡히는 것은 뒤로 물러가는 바람뿐이었다."

오비디우스가 쓴 《변신 이야기》에는 오르페우스와 에위뤼디케 이야기가 나온다. 오르페우스는 아내인 에위뤼디케를 살리기 위해 저승세계에 간다. 그의 노력으로 아내는 다시 세상으로 돌아갈 수 있게 되었다. 그러나 저승세계를 다 나갈 때까지 뒤를 돌아봐서는 안 된다는 조건이 있었다. 오르페우스는 절대 뒤돌아보지 않겠다고 약속했다. 하지만 거의 마지막에 다다라서 그는 뒤를 돌아보고 말았고, 아내는 바람처럼 사라졌다. 이처럼 우리는 뒤를 돌아보며 중요한 것을 놓칠 때가 있다. 이제 과거는 바람에 흘러갔다고 생각하자.

"절대 후회하지 말 것, 뒤돌아보지 말 것을 삶의 규칙으로 삼아라. 후회는 쓸데없는 에너지의 낭비다. 후회로는 아무것도 이룰 수 없다. 단지 정체만 있을 뿐이다."

영국의 소설가 캐서린 맨스필드도 우리에게 뒤돌아보지 말라고 조언한다. 지금까지 지나온 내 과거는 과거일 뿐이다. 이제부터 좋은 습관을 쌓아 나의 미라클 타임을 만드는 것에만 집중해보자.

미라클 타임은 나에게 좋은 습관 하나를 만드는 것부터 시작한다. 한 가지를 새롭게 형성하면 그다음에 다른 행동 더하기는 더 쉽다. 습관은 하면 할수록 점점 쉬워지기 때문이다. 이때 나쁜 습관을 없애는 것이 나을까? 새로운 습관을 만드는 것이 나을까? 습관을 다룬 많은 책에서 말하기를 새로운 습관을 만드는 것이 더 낫다고 한다.

우리도 좋은 습관부터 만들어보자. 그것을 하나씩 늘리면서 나만의 미라클 타임으로 바꾸는 것이다. 우선 하나부터 해냈다는 성취감을 느끼는 것이 중요하다. 내가 핵심으로 삼고 싶은 목표 행동을 하나 정해보자. 이때 생각하면 좋은 질문 3가지가 있다.

1. 나는 어떤 사람이 되고 싶은가?

내가 어떤 사람이 되고 싶은지를 먼저 떠올려본다. 내 마음은 어떤가? 설레는가? 기분이 좋은가? 내가 중요하게 생각하는 인생의 가치는 무엇인가? 결정할 때 나를 움직이는 신념은 무엇인가? 내 인생의 가장 근본 질문을 생각해보자. 내가 기분 좋고 편안한 상태일 때 나에게 질문해본다. 혼자 있는 공간에서, 차를 마시면서, 산책하면서 생각해볼 수 있다.

2. 나는 어떤 것을 하면 즐거운가? 행복한가?

"제가 메모하는 걸 좋아한다는 게 생각났어요. 직장 다닐 때까지는 길을 가다가 떠오르면 메모를 했어요. 하지만 아이를 키우며 안 하게 되었어요. 저는 앞으로 메모지를 가지고 다니며, 제 생각이 떠오를 때마다 기록할래요."

〈토닥토닥, 엄마 육아〉 강의를 참여했던 한 분이 '앞으로 내가 실천할 한 가지'로 메모하기를 꼽았다. 아이를 키우며 그동안 내가 좋아했던 것을 멈추고 있는 행동이 있는가? 그동안 내가 하면서 즐거웠던 경험을 떠올려보자. 지금 못하고 있지만, 다시 해보고 싶은 것도 생각해본다.

3. 내가 자꾸만 미루고 있는 행동이 무엇인가?

마지막으로 내가 두려워서 자꾸만 미루고 있는 행동을 떠올려본다. 나는 이것을 꾸준히 하면 좋은 줄 알지만 회피하고 있는 행동이 각자 하나씩 있다. 그건 오직 나만 알 수 있다. 앞으로 1년, 5년, 10년 이것을 미루지 않고 해냈을 때 나에게 더 좋다는 것을 알지만, 실패할까 봐 두려워서 다가가지 못하는 것이 있다.

"나 자꾸 박사과정을 시작하지 못한 게 떠올라. 그런데 막상 하려고 하니까 겁나."

나는 얼마 전에 지인과 통화를 했다. 그는 몇 년 동안 열심히 임용고시를 준비했지만, 결과는 좋지 않았다. 아이를 키우며 시험공부를 하는 데 최선을 다했지만 안타까운 점수 차이로 자꾸 떨어졌다. 결국에는 공부를 그만두고 지금은 다른 곳에 취업해서 일하고 있다.

최근에 자꾸만 지도 교수님의 말이 떠오른단다. 교수님이 지금까지의 전공을 살려서 박사과정을 공부하라고 권했다는 것이다. 그러나 막상 하려니 너무 막막하다고 했다. 이처럼 미련으로 남아, 자꾸 내 머리에서 문득 떠오르는 것이 있다. 다시 시작하려니 막막하고 실패가 두려워서 계속 피하고 있는 것은 무엇인지 생각해본다.

위에 3가지 중에서 질문 하나를 골라서 나에게 던져본다. 가만히 나만의 답을 생각한다. 이때 나 자신에게 어떤 비난이나 비판도 하지 않고 떠오르는 대로 종이에 적어본다. 그다음에 다음과 같이 질문한다.

'이것을 이루기 위해 내가 무엇부터 시작하면 좋을까?'

모든 정답은 내 안에 있다. 우리는 모두 스스로 해결책을 가지고 있다. 내가 어떤 것을 고민하며 다른 사람에게 물어보곤 하지만, 가만히 생각해보면 나는 이미 답을 알고 있다. 다만 누군가의 동의를 받고 싶어서 이야기할 때가 더 많다. 나에게 질문을 하면 떠오르는 행동이 있을 것이다. 이것을 이루기 위한 핵심 행동을 하나 정해보자.

핵심 행동을 정하는 방법은 다음과 같다. 내가 행동하는 모습을 이미지로 그려본다. 그리고 그 행동을 하기 위해 내가 해야 할 일을 세세하게 나눈다. 그런 다음에 1~15분 정도만 시간 내서 할 수 있는 양을 따져본다. 어떤 목표 행동이든 1~15분 안에 할 수 있는 정도로 좁혀서 생각한다.

단순하게 '책 읽기, 운동하기, 영어 공부하기'처럼 목표를 세우지 않는다. 우리는 명사 형태가 아닌 명확한 문장 형태로 만들 것이다. 나는 처음에 《토지》를 필사해야겠다'고 생각했고, 이걸 이루기 위해 얼마만큼 읽을지를 생각했다. 15분 정도면 괜찮겠다고 판단했다. 그 정도는 꾸준히 할 수 있을 것 같아서였다. 다음으로 필사할 양을 정했다. 몇 문장을 하면 좋을까? 딱 1문장만 필사하기로 했다. 이렇게 해서 내가 정한 목표 행동 문장은 다음과 같다.

'나는 하루에 15분 동안 《토지》를 읽고 1문장을 필사한다.'

하루에 얼마만큼 읽고 필사할지 정확하게 정했고, 그 행동을 눈에 보이는 목표 문장으로 썼다. 어떤 습관을 만들 때는 목표 행동부터 명확하게 잡고 그걸 목표 문장으로 만들었다. 그런 다음에 실천하는 시스템으로 환경을 바꾸었다.

당신은 무슨 행동을 목표로 삼고 싶은가? 내가 정한 핵심 행동의 목표 문장을 단순하게 만들면 다음과 같다.

'나는 하루에 (   )분 동안 (   )한다.'

내가 할 목표 행동을 선명하게 그릴수록 행동으로 옮기기 더 낫다. 무조건 쉽게 할 수 있는 정도로 정한다. '책 읽기, 필사하기'는 정확한 목표가 아니다. 그저 내 희망일 뿐이다. 내가 바라는 것을 하기 위해서는 행동으로 옮길 수 있는 문장 형태로 바꾸어야 한다. 이때 내가 제대로 하고 있는지 측정 가능한 수준으로 정해야 한다.

가장 먼저, 내가 하루 동안에 어떤 행동을 얼마만큼 할지 정했다. 여기에서 나온 것들을 읽고 나에게 맞게 바꿔보자. 지금부터 하나씩 하게 될 행동으로 나의 미라클 타임 시스템이 완성될 것이다. 그 안에서 실천하면 된다.

"모든 것의 시작은 위험하다. 그러나 무엇을 막론하고 시작하지 않으면 아무것도 시작되지 않는다."

니체는 말했다. 지금 우리에게 필요한 건 시작하는 것뿐이다. 이건 당신에게 달렸다. 책을 읽고 그냥 덮을 것인가. 아니면 나에게 질문하고 하나씩 만들 것인가.

2
(시간) 나의 하루를
리모델링하라

두 번째로 살펴볼 것은 하루의 시간이다. 내가 24시간을 어떻게 보내고 있는지 기록한다. 나의 하루를 어떻게 쓰고 있는지 관찰하는 방법을 먼저 익힌다. 그리고 거기에서 내가 목표한 행동을 할 수 있는 시간대를 찾아보는 것이다.

"아이 보는 것만으로도 24시간이 바빠요. 쉴 틈이 없어요."라고 말하고 있는가? 그렇다면 정말 그 말이 사실인지 눈으로 확인해보자. 실제로 내가 육아하고, 집안일 하느라 하루를 다 쓰고 있는지 알아본다.

추측하는 것과 기록하는 것은 다르다. 종이에 쓰면 내 눈에 보인다. 바빠서 시간이 없는 게 아닐 수 있다. 착각인지 아닌지 확인해보자. 앞으로 미라클 타임으로 만들 수 있는 '하루 5~15분' 시간대 찾기를 해볼 것이다. 그전에 나의 24시간을 기록해보자.

1. 24시간을 기록한다.

하루를 살펴보기 위해 '시간 기록표'를 작성한다. 24시간 동안 내가 어떻게 시간을 보냈는지 적는다. 형식은 내가 편한 대로 한다. 다이어리에 쓰거나 공책에 쓴다. A4용지에 기록해도 되고, 10분, 20분처럼 분 단위로 적는다. 내가 24시간을 무엇을 하며 시간을 보내고 있는지 객관적으로 관찰한다.

2. 일주일 동안 기록한다.

하루 24시간을 7일 동안 기록한다. 적으면서 자신에 대해 어떤 평가도 내리지 않는다. 비판하고 비난하는 데 마음을 쓰지 않고 오로지 기록만 한다. 최대한 나의 하루를 관찰해서 적는다.

3. 평가한다.

일주일 동안 내가 반복하고 있는 활동이 무엇인지 살펴본다. 공통으로 하는 시간대를 표시하고 일정하게 일어나는 일과도 관찰한다. 하루 중 나의 에너지가 충만해서 일을 생산적으로 할 수 있는 시간대는 언제인지 찾는다. 반면 내 몸과 마음이 지쳐있는 시간대는 언제인지 파악한다. 시간대에 따라서 내가 가진 에너지 상태를 비교한다.

일주일 동안 내 시간을 기록하고 패턴을 살펴봤는가? 이제 시간을 리모델링하자. 리모델링이란 건물의 기본적인 형태는 그대로 두고 인테리어를 바꾸어 새롭게 쓰는 것을 말한다. 시간도 마찬가지다. 우리에게 주어진 24시간은 그대로다. 여기에서 내가 카이로스로 바꿀 수 있는 시간대를 찾아본다. 내가 목표로 정한 행동을 생각해본다.

아침이 괜찮은가? 육아 퇴근하고 나서가 괜찮은가? 아니면 아이가 낮잠 자는 시간이 괜찮은가? 언제가 좋은지부터 파악한다. 하루에 5~15분 정도 낼 수 있는 시간대를 찾는다. 보물찾기하는 마음으로 표시해보자.

1. 내 몸과 마음의 에너지가 가장 좋은 시간대를 찾는다.

새로운 목표 행동을 하기 위해 내 에너지가 좋은 시간부터 찾아야 한다. 우리가 하루에 쓸 수 있는 의지력에는 한계가 있다. 에너지 총량의 법칙처럼 사람마다 하루에 쓸 수 있는 의지력 총량이 정해져 있다고 한다. 그래서 계속 결정하는 데 내 두뇌를 써버리면 시간이 갈수록 새롭게 생각하는 것도 힘들 수 있다.

퇴근하고 지쳤을 때나 종일 아이에게 시달렸을 때를 떠올려보자. 저녁에 무엇을 먹으면 좋을지 고민하는 것도 힘들다. 하루 동안 너무 많은 결정과 선택을 하면 우리 뇌가 피곤하다고 느낀다. 그럴수록 내 몸은 생각하지 않는 쪽으로 자동적으로 움직인다. 이미 자리 잡은 습관이 나를 이끌게 되는 것이다. 그런 상태에서 새로운 행동을 시작한다는 것은 당연히 어렵다.

2. 하루에 5~15분 정도로 시간을 낼 수 있는 구간을 고른다.

될 수 있으면 여러 시간대에서 골라본다. 내 몸이 너무 피곤하지 않은 정도라면 괜찮다. 미라클 타임에서 내가 할 목표 행동은 어렵지 않다. 우리는 어떤 행동도 두 주먹 꽉 쥐고 비장하게 시작하지 않을 것이다. 5~15분이라도 내가 몸을 움직일 수 있는 시간대를 고른다. 적어도 3개 이상을 찾아본다. 어떤 때든지 괜찮다. 시간 기록지를 보면서 내 몸과 마음이 편안한 때를 살펴보자.

3. 하루 중 '같은 시간'을 낼 수 있는 구간을 찾는다.

내가 찾은 시간대 중에서 날마다 목표한 행동을 할 수 있는 '같은 시간'을 하나 고른다. 내 에너지가 최대한 좋은 시간으로 정한다. 앞으로 이 시간에는 무조건 한 가지 행동을 할 것이다. 날마다 같은 시간에 할 수 있는 구간을 선택해야 하고 적어도 평일에 5일은 꾸준히 할 수 있는 시간대를 살펴본다. 주말에는 쉬고 주중에 반복해서 하는 것으로 1차 목표로 삼을 것이다.

4. 대체할 시간대를 1~2개 더 고른다.

그날 내가 목표로 정한 시간에 못 할 수 있다. 이를 위해 일정하게 뺄 수 있는 다른 시간대를 1~2개 더 찾는다. 내 의지력이 무너졌을 때 구원투수 역할을 해줄 시간이다. 야구에서 선발투수가 무너지면 다른 투수를 투입한다. 대기하고 있는 투수진이 탄탄할수록 지고 있는 상태에서도 그 경기는 끝까지 끌고 갈 수 있다. 육아하다 보면 내가 처음 고른 시간에 못 하는 상황이 생길 수 있다.

'지금 못했으니까 오늘은 못 하겠네'라는 부정적인 생각이 찾아올 틈을 주지 말자. '이때 못했으니까 다음으로 이 시간에 해야겠다'로 바꿔서 생각하자. 물론 처음 정한 시간에 하는 게 가장 좋다. 하지만 언제라도 예상하지 못한 상황이 생길 수 있다. 아이를 키우다 보면 예외는 더 많이 일어난다. 아침 시간대를 골랐을 경우, 갑자기 전날 아이가 열이 나서 밤새 돌봤다면 다음 날 아침에는 피곤해서 도저히 할 수 없게 된다.

아이 때문에 내가 계획한 게 틀어지면 더 스트레스를 받을 수 있다. 내가 하고자 하는 일을 애가 방해한다 싶으면 어떨까? 괜스레 아이가 미워진다. 그러므로 미리 대안을 세워 놓는 게 좋다. 딱 5~15분만 시간을 내서 하면 되기에 아이의 낮잠 시간을 활용할 수도 있다.

5. 주말에 보충할 수 있는 시간을 정한다.

어떤 날은 종일 내가 정한 시간에 하지 못할 수도 있다. 이런 상황을 대비해서는 주말을 활용한다. 주말에 가능한 시간대를 1~3가지 빼놓는다. 일주일 내내 빼곡하게 목표를 세우지 않고 주말에는 못한 것을 보충할 수 있도록 비워둔다.

어떤 온라인 모임을 하든지 같은 방법으로 설정한다. 우선 주 4~5일 동안 반복하는 것으로 목표를 잡는다. 평일에 하지 못했다면 오히려 여유가 생긴 주말에 해볼 수 있기에 중간에 포기하는 걸 예방할 수 있다.

6. 3~4주 동안 같은 시간에 반복해서 목표치를 달성한다.

일정 기간에 내가 목표한 행동을 완료했다는 성취감을 느끼는 게 좋다. '쉬지 않고 계속 가야 한다'고 생각하면 중간에 포기하기 쉽다.

그러나 나에게 맞게 기간을 정하면, 이번에는 꼭 성공해보겠다는 마음이 들 수 있다. 3주를 할 경우, 12~15일을 반복하면 성공으로 평가한다. 4주로 늘어나면 16~20일을 목표 달성 기간으로 본다. 날마다 해야 한다는 마음보다는 여유 있게 할 수 있다고 생각하는 게 낫다. 내가 해볼 만하다고 느껴야 편안하게 시작할 수 있고, 그래야 뇌가 새로운 행동을 거부하지 않고 받아들인다.

"의욕이 아니라 행동이 우선이다. 미루고 질질 끄는 사람들은 어떤 일을 해야겠다는 기분이 들 때까지 그저 기다리기만 한다."

인지 행동 치료의 세계 최고 권위자이자, 미국에서만 500만 부 이상 팔린 베스트셀러를 쓴 데이비드 번즈의 말이다. 내가 무엇인가를 하기 위해서는 분명하게 정한 목표 행동을 할 수 있는 시간을 찾아야 한다. 먼저 24시간을 객관적으로 기록하고 꾸준하게 행동할 수 있는 5~15분을 찾는다. 그 시간은 미라클 타임을 만들어가는 기적의 순간이 될 것이다.

이것들이 모여서 나만의 빛나는 작품이 된다. 그러니 해야겠다는 마음이 들 때까지 미루지 말자. 하루를 정확하게 관찰하고, 그 뒤에 행동할 수 있는 시간을 알맞게 찾아서 리모델링하자. 이것이 진짜 미라클 타임의 시작이다. 내 인생에서 기적은 이미 일어나고 있다.

3
(공간) 꿈을 이루는 엄마의 서재

"우리가 앞으로 백 년 정도 살게 되고, 각자가 연간 500파운드와 자기만의 방을 가진다면, 그리고 우리가 스스로 생각하는 것을 정확하게 표현할 수 있는 용기와 자유의 습성을 가지게 된다면, (중략) 비록 가난한 무명인의 처지에서라도 그것을 위해 일하는 것은 가치 있는 일이라도 단언합니다."

영국의 모더니즘 작가인 버지니아 울프는 《자기만의 방》에서 여자에게 필요한 것을 이야기했다. 연간 500파운드의 돈, 자기만의 방, 그리고 자신의 생각을 정확하게 표현할 수 있는 용기를 꼽았다. 이것은 가난하고 이름이 알려지지 않을지라도 가치 있는 일이라고 말했다.

미국의 작가이자, 시인, 배우로 활동했던 마야 안젤루에게는 글 쓰는 루틴이 있었다. 아침을 먹고 나서 오전에는 글을 쓰기 위해 작고 초라한 호텔 방으로 갔다. 그는 오후 2시까지 방해받지 않고 글을 쓰는 것을 일과로 삼았다.

일본의 소설가이자 번역가로 활동하고 있는 무라카미 하루키는 자신의 에세이 《직업으로서의 소설가》에서 글 쓰는 자신의 일과를 다음과 같이 표현했다. "아침 일찍 일어나 커피를 내리고 네 시간이나, 다섯 시간, 책상을 마주합니다. 하루에 20매의 원고를 쓰면 한 달에 600매를 쓸 수 있습니다." 그는 좀 더 쓰고 싶더라도 원고지 20매에서 딱 멈추었다고 했다. 이것은 장기적인 일을 할 때 규칙적으로 하는 게 중요한 의미가 있기 때문이라고 밝혔다.

글을 쓰는 사람, 악기를 연주하는 사람, 그림을 그리는 창작 활동을 하는 사람들의 공통점이 있다. 바로 '자신만의 작업하는 특정한 공간이 있다'는 것이다. 자신의 방, 작업실, 카페, 호텔, 체육관. 저마다 다르다. 다만, 자기에게 맞는 공간에서 날마다 일정한 시간 동안 계속 작업했다는 것이다.

나에게는 내 꿈을 이루는 방이 있다. 처음에 그곳은 남편만을 위한 동굴이었다. 존 그레이가 쓴 베스트셀러《화성에서 온 남자, 금성에서 온 여자》에서 '스트레스를 받으면 조용히 자기만의 동굴에 들어가 생각을 집중하며 틀어박혀 지내는 것'을 남자의 특성이라고 했다. 그러려면 집에서 자기만의 동굴이 꼭 필요하다는 거였다. 남편역시 그 말에 동의했다. 그래서 나는 지금 사는 집으로 이사할 때, 남편을 위해 서재를 만들어주었다. 그랬던 장소가 어느 순간 내 꿈을이루는 곳으로 바뀌었다.

처음에 내가 주로 생활하는 공간은 식탁이었다. 거기에서 필사하고 책 쓰기를 할 때는 서재로 이동했다. 그러다 보니 식탁과 서재 사이의 이동 거리가 점점 불편해졌다. 나는 필사와 글쓰기를 모두 서재에서 해결하기로 했다. 그래서 남편에게 사주었던 책상, 노트북을나도 쓰게 되었고, 줌 온라인 강의를 할 때도 거기에서 했다. 서재는필사, 책 쓰기, 온라인 강의까지 한 곳에서 해결해주는 내 꿈을 향한최적화된 장소로 바뀌었다.

《해빗》에서 말하기를 습관은 상황과 환경이 결합한 결과라고 한다. 여기에는 습관을 만들기 위한 '상황 제어 전략'이 있다. 이것은특정 반응이 더 많이 일어나거나, 덜 일어나도록 환경을 바꾸거나혹은 물건을 재배열하는 것이다. 그래서 학습 공간을 설계할 때도주변 상황을 바꾸는 방식을 제안한다. 내 의지력을 계속 강하게 유지해야 하는 환경이 아니라, 행동하기 쉽게 내 주변 환경을 구성하는 것이다.

《아주 작은 습관의 힘》에서는 습관 만드는 방법으로 '마찰력 줄이기'를 제안한다. 먼저 내가 만들고 싶은 습관을 정하고, 그것을 행동으로 옮기기 쉽게 주변 환경을 바꾼다. 즉 마찰력을 최대한 줄이는 것이다. 예를 들어서 '아침마다 사과 먹기'가 목표라면, 사과를 미리 식탁에 올려놓는다. 이는 사과가 눈에 잘 보이게 해서 행동력을 높여준다.

이처럼 우리는 내가 정한 목표 행동을 꾸준하게 연습할 수 있는 공간을 만들 수 있다. 그곳은 내가 꿈을 이룰 수 있도록 도와주는 마법의 공간이다. 이를 위해 우리 집 공간을 새롭게 리모델링할 수 있다. 다음과 같은 순서로 미라클 타임을 이루는 공간을 만들어보자.

1. 우리 집 전체를 둘러보고 장소를 정한다.

집 전체를 둘러본다. 한 곳씩 작게 나누면서 내 꿈을 이루기 좋은 장소를 정한다. 넓은 공간이 아니어도 괜찮다. 내가 정한 목표 문장을 실천할 수 있는 크기의 공간이면 된다. 만약에 목표에 글쓰기가 있다면 노트북만 놓을 수 있어도 괜찮다. 요즘에는 휴대폰 앱으로도 글을 쓸 수 있다. 그럴 때는 블루투스 키보드를 놓을 수 있는 공간만 있어도 된다. 휴대폰 앱에 글을 길게 쓰려면 블루투스 키보드를 사용하는 게 더 낫다.

2. 내 꿈과 관련된 이름을 짓는다.

내 꿈이 들어간 단어로 이름을 붙인다. 그곳은 내가 미라클 타임으로 꿈을 이루어갈 장소이다. 나는 〈엄마의 꿈 서재〉로 이름 짓고, 거기에서 날마다 나의 꿈에 도전한다. 새벽 4시에 일어나서 그 방에 들어간다. 책상 앞에 앉아서 가만히 심호흡하면 어느새 내 마음이 차분해진다. 그리고 나만의 루틴을 하나씩 해나간다.

3. 청소한다.

우리가 시험을 앞두고 제일 먼저 하는 것은 무엇인가? 정리 정돈과 청소다. 공부할 곳이 지저분하면 집중이 되지 않기 때문이다. 앞으로 내가 꿈을 이룰 곳을 깨끗하게 청소하고 소중하게 대해준다. 닦아 주며 사랑을 보내준다. 이제 이곳에서 내가 이루어갈 꿈을 상상하며 즐겁게 청소해보자.

4. 준비물을 미리 갖다 놓는다.

내 목표 행동을 이루기 위한 준비물을 미리 갖다 놓는다. 요가를 한다면 요가 매트를 두고, 필사라면 책, 공책, 볼펜을 준비해 둔다. 필요한 물건이 내 주변에 가까이 있으면 바로 실행할 수 있다. '오늘부터 해야지' 마음먹었지만, 준비 시간이 더 걸린다면 어떨까? 하고 싶지 않을 것이다. 우리는 1~15분만 시간을 내서 습관 만들기를 할 것이다. 그러므로 준비하는 시간을 최대한 줄여 바로 시작할 수 있는 환경부터 만들자.

나는 온라인 모임을 할 때 준비 기간을 가진다. 그때 하는 일 중 하나는 준비물을 미리 갖추도록 하는 것이다. 이렇게 해놓으면 1일 차에 바로 시작할 수 있다. 첫날 성공하면 어떤가? 다음날에도 하고 싶다. "미리 준비하니까 얼른 하고 싶어요. 바로 시작할 수 있겠어요." 온라인 모임에 참여하시는 많은 분이 모임에서 좋았다고 말한 부분이었다.

'미즈 앙 플라스'란 프랑스 말이 있다. '제자리에 놓다'라는 의미다. 프랑스 고급 레스토랑의 주방장들은 이 원칙을 엄격하게 지킨다고 한다. 요리하기 전에 모든 것을 제자리에 놓기 전까지 요리를 시작하지 않는다. 조리 과정을 방해할 수 있는 불필요한 마찰을 제거하는 효율적인 방법이다. 이처럼 우리도 내 목표 행동을 위한 '미즈 앙 플라스'를 해놓자.

5. 사진을 찍는다.

내가 정한 장소에 준비물을 갖다 놓고 사진을 찍는다. 사진을 찍으면 어떤 효과가 있을까? 앞으로 내가 할 목표 행동이 더 선명한 이미지로 머리에 자리 잡는다. 꿈을 이루기 위해 내가 원하는 이미지를 벽, 보드, 다이어리 등에 붙여놓으라는 조언은 많은 자기계발서에서 공통적으로 말하는 부분이다. 준비를 마친 다음에 기분 좋게 사진을 찍어보자. 만약 사진을 편집할 수 있다면, 거기에 내가 정한 공간의 이름도 써놓자. 목표 행동을 바로 실천하고 싶은 동기가 더욱 강해질 것이다.

"너무나 많은 사람이 이론은 잘 알면서도 막상 그것을 실천하려고 하면 대체로 망설이기 일쑤이다. 그런 사람이 가진 지식은 아무리 많아도 별반 쓸모가 없다. 그것은 마치 보물을 궤짝에 잔뜩 넣어두고도 한 번도 꺼내 쓰지 못하는 물건과 같다."

《탈무드》에 나온 글이다. 나에게는 보물이 가득 담긴 궤짝이 있다. 거기에는 충분한 양의 보석이 담겨 있다. 여기에서 당신은 선택할 수 있다. 머리로 아는 것으로만 끝낼 것인가. 내 손을 움직여 아름다운 보물을 하나씩 꺼낼 것인가. 내 꿈을 이루는 공간에서 당신은 어떤 선택을 하고 싶은가?

(시작) 5분이면
충분하다

그리하여 이 시대의 궁핍도

유사 이래 여전히

사랑이라고 답안지를 쓴다

김남조 〈답안지〉

　〈토닥토닥, 엄마 육아〉에서 3주 동안 시집 필사를 과제로 드렸다. 하루에 딱 10분만 시간을 내서 시집을 필사하는 거였다. 시는 타이머를 맞추고 5분만 읽게 했다. 5분 동안 시집 아무 곳이나 펼쳐, 집중해서 시를 읽었다. 그중에 마음에 닿는 구절이 있으면 1구절 필사하고 1줄 감사일기를 썼다. 각자 필사한 부분을 사진 찍고 단톡방에 인증하는 것이었다.

나는 필사하기 좋은 시집을 3권 권해 드렸다. 본인이 원하는 시집이 있다면 그중에서 고르도록 했다. 우리는 2주 차 수업 때 필사한 시 구절 중에서 가장 마음에 닿았던 부분을 낭송하는 시간을 가졌다. 한 분이 김난조 시인의 〈답안지〉를 필사한 문장을 읽었다. 나는 물어보았다.

"시를 소리 내서 읽으니 지금 마음이 어떠세요?"

"그러게요. 사랑이면 되는 건데요. 모든 건 다 없더라도 나에게 사랑이 있으면 살 수 있잖아요."

"맞아요. 나를 위로해주는 것도, 살면서 꼭 필요한 것도 사랑이죠."

"5분만 시간을 내도 시를 볼 수 있는데. 그동안 뭐가 그렇게 바쁘다고 그랬나 모르겠어요. 제가 시집을 참 좋아했어요. 그런데 어느 순간 잊고 있었네요. 학창 시절에는 책도 많이 읽었는데. 그때가 떠올라서 참 좋았어요."

참여하시는 분들의 변화는 놀라웠다. 그동안 시집과 동떨어지게 살았던 분도 시집을 읽었다. 필사를 처음 해보는 분도 시를 베끼어 쓰는 게 어렵지 않다고 말했다. 우리는 하루에 5분만 시간을 내면, 시 한 편을 읽을 수 있다. 시에는 읽고 나면 마음을 말랑말랑하게 하는 신기한 마법이 있다. 그리고 소리 내서 읽으면 시어가 내 안에 와서 말을 건넨다. 거기에서 마음에 와닿았던 구절을 손으로 쓴다.

한 구절 필사는 1분도 채 걸리지 않지만 내가 손으로 쓰면서 더 집중하게 된다. 베껴 쓰는 동안 소리 내서 읽어본다. 그렇게 몇 번 중얼거리다 보면 그 부분이 입안에서 맴돈다. 이처럼 시 전체가 아니어도 괜찮다. 하루에 한 구절씩만 암송해도 풍요로움을 느낄 수 있다. 딱 5분만 시간을 내도 안 읽던 시집을 읽을 수 있다. 내 삶이 업그레이드되는 기분을 만끽할 수 있다.

최근에 〈공부머리가 자라는 집안일 놀이〉 랜선 공동육아를 시작했다. 《공부머리가 쑥쑥 자라는 집안일 놀이》 책을 읽고 많은 분이 아이와 바로 실천해주셨다. 다른 집 아이들이 집안일을 하는 사진이나 글을 읽으며 감사했다. 그러다가 인스타에서 이런 피드를 보게 되었다.

"작가님의 인스타를 보면서 나도 우리 아이와 집에서 해보면 좋겠다고 생각했어요. 하지만 내 마음과 다르게 실천이 잘되지 않았어요. 그러다 이번에 책을 읽고 아이와 해볼 수 있게 되었어요."

나는 인스타에 실제로 우리 아이와 집안일 놀이를 하는 모습을 영상이나 글로 올리고 있다. 그렇게 하면 다른 분들이 좀 더 따라 하기 편하겠다고 생각했다. 아직 책을 읽지 않은 분들도 아이와 짧게 집 안일로 놀이를 하면 좋겠다고 여겼기 때문이었다. 내가 인스타에 올린 피드를 보고 아이와 해보시는 분들이 하나, 둘 생겼다. 그때마다 함께 육아하는 기분이 들어 감사했다.

하지만 해보려고 해도 막상 잘 안 된다는 글이 자꾸 나를 따라다녔다. '집안일 놀이를 더 쉽게 실천할 방법이 있을까?' 나에게 질문하자, 곧 해결 방법이 떠올랐다. '같이 하면 되잖아.' 내가 집안일 놀이를 함께하는 육아 모임을 만들면 되는 거였다.

그래서 랜선 공동육아 모임을 시작했다. 여기에서는 오늘 아이와 집안일 놀이한 것을 간단하게 인증하고 있다. 《공부머리가 쑥쑥 자라는 집안일 놀이》 책을 보고 따라 하는 걸 기본으로 삼았다. 무엇을 하든 10분 안에 끝내도록 안내했다.

모임 1주 차, '시간개념 알려주기'를 할 때 타이머 사용을 권해 드렸다. 타이머는 아이들이 어릴 때부터 시간과 친해지도록 도와주는 유용한 도구였다. 아이에게도 타이머 맞추는 법을 가르쳐주었다. 타이머를 맞추고 그 시간 동안 움직이면 시간의 흐름을 아이가 몸으로 느낄 수 있었다. 5살부터는 해볼 수 있는 거였다. 모임에 참여하시는 한 분이 아이와 실제로 해보시고 이렇게 말했다.

"아이에게 타이머로 5분 맞추는 걸 알려주었어요. 그 시간에 누가 더 빨리 치우나 시합했어요. 아이가 하고 나서 또 하고 싶어 했어요.

그래서 한 번 더 타이머를 5분에 맞추었어요. 그전에는 정리할 때 시간이 오래 걸렸어요. 그러다 보니 아이가 잘 때 저 혼자 했는데, 5분 동안 집중해서 같이 하니까 빨리하게 되고 아이도 좋아했어요."

우리는 5분만 시간을 내면 아이와 정리하기를 연습할 수 있다. 게다가 아이는 5분이라는 시간까지 배운다. 5분은 아이가 장난감 몇 개를 골인하는 놀이를 하거나, 책 몇 권을 책장에 꽂기에 충분하다. 아이가 할 때 몇 개까지 했는지 엄마가 수를 세어주면 좋다.

5분 동안 아이와 정리 놀이, 수 세기 놀이, 시간 알려주기를 한 번에 할 수 있다. 짧은 시간이기 때문에 아이는 집중한다. 우리 집 둘째 아이는 "정리해"라고 말하면 귀를 닫아버리지만, "우리 5분 동안 누가 먼저 책 갖다 놓나 시합해 볼까?"라고 말하면 아이는 재빨리 움직인다.

이처럼 내가 핵심 행동으로 정한 목표를 시작할 때 처음에는 딱 5분만 해본다. 그리고 내가 어떻게 느끼는지를 살펴본다. 그렇게 시간의 양을 조절할 수 있다. 하는 방법은 다음과 같다.

1. 타이머를 5분에 맞춘다.

실제 '타이머' 사용을 추천한다. 집에 타이머 1개가 있으면 여러모로 유용하다. 휴대폰으로 타이머를 맞추면, '카톡 왔네? 이것만 보고 시작해야지'로 바뀔 수 있다. 그러면 하기로 했던 것을 1시간이 지나도 시작조차 못 할 수 있다. 이런 이유로 '해야 할 행동'에 집중할 수 있게 도구를 사용하기를 추천한다.

2. 행동 하나에만 집중해서 실행한다.

5분 동안 내가 하는 행동에만 집중한다. 딱 1가지 행동만 하면서 내 몸과 마음이 어떤지 느껴본다. 하기 편안한가? 집중이 잘 되는가? 5분이면 다음에도 할 만한가? 아니면 이것보다 더 짧은 시간을 하는 게 좋은가? 내가 편안한지, 내일도 5분 정도면 할 수 있는지 관찰한다.

3. 기록한다.

내가 느낀 점을 공책이나 휴대폰 메모 앱에 기록한다. 내 눈에 잘 보이도록 달력에 표시하는 것도 좋다. 몸과 마음이 편안한지, 불편한지 적는다. 나만 알아볼 수 있게 써도 괜찮다. 이것을 5일 동안 반복한다. 이때 딱 5분만 하면서 내가 바로 실행할 수 있는 정도인지 파악한다. 내가 하기 힘들다고 느끼지 않아야 꾸준하게 할 수 있다.

나는 배웠다
어떤 일이 일어나도

그것이 오늘 아무리 안 좋아 보여도

삶은 계속된다는 것을

내일이면 더 나아진다는 것을

마야 안젤루 《나는 배웠다》에 나온 한 구절이다. 습관이 그렇다. 오늘보다 내일 더 나아지고, 하기에도 더 편해진다. 그러면서 꾸준하게 할 수 있게 된다. 날마다 하면서 시간과 양이 쌓이면 나에게 맞는 결과를 만들어낼 수 있다. 이것이 바로 '미라클 타임'이다.

"앞으로 나가기 위한 비결은 일단 시작하는 것이다. 일단 시작하기 위한 비결은 복잡하고 압도적인 일을 다루기 쉬운 작은 일로 분해한다. 그다음 맨 처음의 하나를 시작하는 것이다."

《톰 소여의 모험》을 쓴 미국의 소설가 마크 트웨인은 말했다. 새로운 습관을 만들 당신에게 필요한 것은 단 5분이다. 어떤 행동을 처음 시작할 때는 5분이면 충분하다. 맨 처음의 동작을 바로 실행하게 해주며, 내 몸이 새로운 행동에 편안하게 적응할 수 있게 한다. 당신의 목표 행동은 무엇인가. 당신은 5분 동안 무엇을 바로 실천하고 싶은가?

5
(집중) 한 번에
하나씩

"현대 사회는 사람들에게 부지런하기를 요구해요. 약간의 멀티태스킹을 해야 하는 상황도 분명히 있어요. 하지만 중요한 일을 할 때는 그러면 안 돼요. 회의 참석 중에 스마트폰을 체크하고요, e메일에 답을 하는 사람들은 그 행동이 오히려 일의 효율을 떨어뜨린다는 걸 알아야 해요."

아트 마크먼 교수가 인터뷰에서 한 말이다. 그는 세계적인 학술지 '인지과학(Cognitive Science)'의 편집장이자 미국 텍사스 주립대 교수다. 그리고 20년 넘게 사람의 마음을 연구하고 있다. 그가 쓴《스마트 싱킹》 책에서는 멀티태스킹을 '현대 사회의 악마(evil)'라고 말한다. '멀티태스킹'이란 한 번에 2가지 이상의 일을 동시에 처리하는 것을 의미한다. 그는 멀티태스킹 습관이 일에 대한 집중도를 떨어뜨린다고 주장한다.

우리는 바쁘다. 하루에 처리해야 할 일이 많다. 그러다 보니 한 번에 여러 가지 일을 하면서 멀티태스킹을 잘하는 게 이 시대에 필요한 능력이라고 생각한다. 이것은 바쁠 때 일의 효율을 높여주는 것처럼 보인다. 하지만 처음 언급했던 아트 마크먼 교수 외에 많은 책에서도 멀티태스킹의 비효율성과 문제점을 지적하고 있다. 많은 이들이 중요한 일을 할 때 멀티태스킹을 하지 말고, 한 번에 한 가지에만 집중하는 방법을 제안한다. 멀티태스킹은 결코 일의 효율과 성과를 높여주지 않는다는 것이다.

조지프 핼리넌은 의료과실 사례에서 시작해 20여 년 동안 인간의 실수를 한 권에 담았다. 그가 쓴 《우리는 왜 실수를 하는가》에 보면 멀티태스킹은 신화라고 주장하고 있다. 그는 이 책에서 "컴퓨터도 1초에 수천 번씩 여러 프로세스를 오가며 처리하기 때문에 엄밀히 말하면 멀티태스킹을 수행하는 것이 아니다. 워낙 빨리 오고 가기 때문에 동시에 처리하는 것처럼 보일 뿐"이라고 말했다. 그는 멀티태스킹이 가능하다는 환상에서 벗어나야 한다고 했다. 그래야 터무니없는 실수를 줄일 수 있다고 강조했다.

게리 켈러와 제이 파파산이 쓴 《원씽》에서도 멀티태스킹을 언급한다. 여기에서는 의심해봐야 할 성공에 대한 믿음 중 하나로 멀티태스킹을 꼽는다. 이 책은 '멀티태스킹은 곧 능력이다'라는 생각의 오류를 지적하고 '멀티태스킹은 허상'이라고 말한다. 사람은 한 번에 두 가지 일을 할 수는 있지만, 한 번에 두 가지 일을 모두 효과적으로 집중할 수는 없다고 설명한다.

우리나라에서 인지심리학자 일인자로 손꼽히는 김경일 교수 역시 같은 내용을 주장한다. 《지혜의 심리학》에서 멀티태스킹은 착각이라고 설명하는데, 인지심리학자들은 다수가 이 의견에 동의한다. 사람들은 대부분 무의식적으로 멀티태스킹이 가능한 것처럼 상황을 몰고 가면서 수없이 많은 상황에서 오류와 사고를 불러일으킨다는 것이다.

그는 한 인터뷰에서 자신이 몰입해야 할 때는 멀티태스킹을 하지 않는다고 말했다. 그가 멀티태스킹을 하지 않기 위해 쓰는 방법은 다음과 같았다. 먼저 방을 살짝이라도 정돈한 후, 스마트폰이나 노트북은 잠시 다른 곳에 두었다. 그렇게 공부를 하면 최소 30분은 완벽하게 몰입할 수 있었다고 한다. 그러나 스마트폰을 옆에 두면 두 줄 이상 읽지 못했고, 컴퓨터를 켜놓으면 절대 공부에 집중할 수 없었다고 했다.

멀티태스킹이 사고의 위험을 높일 수도 있다는 연구 결과도 있다. 2016년에 미국 센트럴 플로리다대학과 중국 북경 교통대학 공동 연구팀에서 한 가지 연구 결과를 발표했는데, 그 내용은 핸즈프리를 사용하더라도 운전 중 사고의 위험은 여전히 커질 수 있다는 내용이었다. 연구팀은 30~40세 남녀 42명을 대상으로 운전 시뮬레이션을 통해 가상으로 만든 도심 속 도로를 달리도록 했다. 운전자 앞에는 차 한 대가 시속 50㎞로 주행하다가, 점차 속력을 40㎞까지 줄이고 어느 시점에 급정거하도록 설정했다. 참가자는 세 번 주행하며, 한 번은 전화 통화, 한번은 핸즈프리로 통화, 마지막은 운전만 하도록 했다.

주행 실험은 총 126회로 실시되었으며, 실험 중 앞차와 추돌을 일으킨 사례는 모두 7회였다. 이는 모두 전화 통화 중에 발생했다. 게다가 그중 4회는 핸즈프리 통화 중에 일어났다. 연구팀은 핸즈프리로 통화를 하면 운전 기능이 저하된다고 말했다. 이는 운동 능력이 아닌, 인지능력이 하락하기 때문이었다. 그래서 운전할 때는 가능하면 어떤 방식이든 통화하지 않는 것이 낫다고 결론 내렸다.

2012년 1월, 독일 베를린의 손해보험사 IAG의 노동문제 전문가 디르크 빈데무트 교수는 멀티태스킹을 하는 근로자들의 모습을 연구했다. 그 결과 멀티태스킹을 하는 근로자는 일을 처리하는 데 더 많은 시간을 썼고, 일하면서 실수도 더 잦았다. 그러다 보니 일과가 끝나면 스트레스로 인해 피곤을 더 느꼈다. 근로자들은 업무의 질과 집중력이 모두 떨어졌다고 말했다. 빈데무트 교수는 인간의 뇌는 한 번에 하나씩 처리하는 '모노태스킹(mono-tasking)'에 적합하다고 말했다. 그래서 "일은 한 번에 하나씩, 제대로 하는 것이 더 바람직하다"고 조언했다.

이처럼 미라클 타임을 할 때도 한 번에 하나씩 집중해서 한다. 내가 정한 시간 동안에 목표 행동만 하는 게 좋다. 우리는 앞으로 하루에 1~15분 정도만 시간을 내서 습관을 만들 것이다. 이를 위해서 멀티태스킹을 하지 않기 위한 몇 가지 방법을 실천해보자.

1. 심호흡하고 시작한다.

시작 전에 마음이 바빠질 수 있다. 얼른 끝내고 다른 걸 해야겠다는 생각이 연달아 떠오르기도 한다. 그래서 깊게 숨쉬기를 하고 시작한다. 내 호흡에만 집중한다. 3~5번 정도 심호흡하며 마음을 차분하게 만든다. 몸과 마음이 편안한 상태일 때 한 가지에 집중을 더 잘할 수 있다.

2. 타이머를 활용한다.

내가 정한 시간으로 타이머를 맞춘다. 그 시간 동안에는 내 목표 행동만 한다. 타이머가 울리기 전까지 다른 행동은 하지 않는다. 화장실도 미리 다녀온다.

3. 휴대폰은 내 몸과 최대한 멀리 둔다. 무음 모드로 바꾼다.

내가 집중해야 할 시간에는 휴대폰을 멀리 두는 게 좋다. 휴대폰 알람이 들리지 않도록 무음 모드에 둔다. 그리고 휴대폰을 몸에서 최대한 멀리 놓고 시작한다. 나의 경우 책 쓰기를 할 때 무조건 무음 모드로 바꾼다. 알람 소리가 들리지 않을 때 집중이 더 잘 되기 때문이다. 다만, 무음 모드로 설정하다가 다른 메시지에 눈이 갈 수 있다. 메시지를 확인하고 싶은 마음이 올라올 때는 '딱 5분만 하고 봐야지'라며 내 목표 시간을 되뇐다.

4. 목표 시간을 최대 집중할 수 있는 시간보다 적게 잡는다.

처음 습관을 만들 때는 나의 최대 집중 시간만큼 잡지 않는 게 중요하다. 1~15분 사이에서 집중할 수 있는 시간을 찾는다. 5분부터 시작하는 것도 괜찮다. 5분을 기준으로 늘리거나 줄여본다.

5. 내 꿈의 공간을 미리 정리한다.

작업할 꿈의 공간에는 필요한 물건만 곁에 두고, 주의를 분산시키는 물건은 치운다. 오직 행동에 집중할 수 있는 환경을 설정한다. 목표 문장을 내 눈에 잘 보이는 곳에 붙여놓는 것도 좋다. 해야 할 행동이 눈에 잘 보일 때 집중해서 시작할 수 있다.

"키루스는 병사들이 오직 전쟁 기술의 훈련에만 몰두할 수 있도록 조치했다. 왜냐하면 그는 많은 것에 신경을 쓰지 않고 오직 한 가지에만 집중할 때 어떤 분야에서든지 최고가 되는 것을 목격했기 때문이다."

리더십의 고전으로 손꼽히는 《키로파에디아》에 나온 글이다. 키루스는 전쟁을 준비하기 위해 훈련을 할 때 한 가지에만 집중했다. 그는 전쟁에서 싸울 군사들의 기술을 제대로 높이기 위한 환경을 만들어주었다. 이처럼 좋은 결과를 만들기 위한 기본은 '한 가지에 집중하기'다. 한 가지 행동에 집중해 꾸준히 반복하며 습관으로 만들어 가는 것이다. 이것들이 쌓이게 되면, 내게 알맞은 결과를 만들 수 있다. 내 삶에서 진짜 미라클 타임이 일어나게 되는 것이다.

그러므로 어떤 습관을 만들 때는 내가 하는 행동 하나에만 집중하고, 한 번에 하나만 한다. '멀티태스킹'이 아닌 '모노태스킹'이다. 작은 것 하나부터 제대로 하는 것, 처음 만드는 습관 하나에만 집중하는 것. 이것이 쌓일 때 탁월한 결과를 만들어낼 수 있다. 한 번에 하나씩 집중하기! 미라클 타임을 하는 동안 꼭 기억해야 할 부분이다.

5장 꿈을 이루는 미라클 타임 활용법

몸과 마음을 모두
토닥여주는 사랑 루틴

"내 몸을 건강하게 돌보기 위해 무엇을 하시나요?"

"숨쉬기요."

온라인 강의에서 '내 몸을 건강하게 돌보는 나만의 노하우'에 대해 물어보았다. 한 분이 숨쉬기라고 대답해 모두 같이 웃었다. 아이를 키우다 보면 내 몸 돌보기는커녕, 잠이라도 편안히 자고 싶다는 마음이 굴뚝같다. 나는 내 몸과 마음을 돌보는 방법으로 3가지를 권했다. 바로 '물 마시기', '산책하기', '감사일기 쓰기'였다. 이 3가지를 하며 내 몸과 마음을 토닥여줄 수 있다. 나는 이것을 '사랑 루틴'으로 이름 지었다. 우리는 사랑 루틴을 어떻게 만들 수 있을까?

　사랑 루틴에서 할 행동은 사랑물 마시기, 하루 10분 산책하기, 1줄 감사일기 쓰기다. 이것을 3주 동안 연습한다. 주마다 새로운 행동을 하나씩 더한다. 1주 차에 한 개, 2주 차에는 두 개, 3주 차에는 세 개를 루틴으로 만든다. 3가지를 그대로 따라 해도 되고 순서를 바꾸어도 좋다. 아예 다른 행동을 넣어 루틴으로 만들어도 괜찮다. 나에게 맞게 정해보자.

　내가 할 행동을 정했는가? 다음으로 내가 실천하기 위한 시간대를 정해보자. 1주 차에는 물만 마시고, 산책은 하지 않는다. 그래도 시간을 정할 때는 산책할 것까지 계산해서 잡는다. 앞으로의 루틴을 예상해서 시간을 리모델링한다. 이렇게 해서 내가 정한 목표 문장은 다음과 같다.

　'나는 아이를 어린이집에 보내고 난 뒤, 물을 마시고 산책한다. 이어서 감사일기를 쓴다.'

　'나는 (언제) (1주 차 행동)을 하고, (2주 차 행동)한다. 이어서 (3주 차 행동)을 한다.'

　이제 괄호 안에 시간과 내가 해야 할 행동을 써보자. 언제, 무엇을 해야 하는지 정했는가? 그러면 본격적으로 사랑 루틴을 만들어보자. 만드는 방법은 다음과 같다.

1. 1주 차 : 사랑물 마시는 습관 만들기

목표 행동은 '사랑물 한 잔 마시기'다. '사랑 물'은 내가 마시는 물에 사랑을 넣어서 마시는 것이다. 물을 마시는 방법은 다음과 같다.

가. 물을 컵에 따른다.

나. 물을 마시기 전에 컵에 사랑을 전한다.

다. 물을 천천히 마신다.

라. 마시면서 내 몸에 사랑이 퍼지는 것을 상상한다.

일주일 동안 같은 시간에 물을 마신다. 다음 주에는 산책하기를 연결할 것이므로 산책할 시간을 생각해서 물 마시는 시간을 정한다. 그 시간에 알람을 맞춰놓는다. 알람 문구에는 '에스더야, 사랑해. 물 마시자'로 쓴다. 다른 문장으로 바꾸어도 된다. 물을 마실 때 급하지 않게 천천히 마신다.

"제가 아침에 일어나면 약을 먹어요. 갑상선암을 수술 한 다음부터 날마다 약을 먹게 되었어요. 아침마다 약 먹느라 물을 마실 때 기분이 좋지 않았어요. 하지만 사랑한다고 말하고 물을 마시자 마음이 좋아졌어요. 그다음부터 '사랑해' 말하며 물을 마시게 되었어요."

〈토닥토닥, 엄마 육아〉 온라인 중 강의에 참여하셨던 분이 들려준 경험담이다. 나는 그 이야기를 듣고 바로 적용했다. '사랑해' 말하고 물을 마셨다. 그러면 신기하게 기분이 좋고 몸도 건강해지는 느낌이 들었다.

한발 더 나아가서 우리 식구에게 물을 줄 때 활용할 수 있다. 아침에 일어나자마자 아이들에게 물을 마시게 하는데, 아이에게 건넬 때 "사랑해"라고 말해준다. 또는 "하민아, 사랑해 물 마시자."라고 말하고 준다.

2. 2주 차 : 물 마시기와 10분 산책하기를 연결하기

내 몸에 물로 사랑을 넣어주자마자 무조건 집 밖으로 나간다. 물 마시기 전 미리 옷을 갈아입는다. 물을 마실 때는 서서 마신 후, 바로 현관으로 향한다. 집 주변에 산책할 곳을 미리 정한다. 2주 차에는 물 마시기와 산책하기를 반복한다. 산책하는 방법은 다음과 같다.

가. 타이머를 10분에 맞춘다.

나. 천천히 심호흡하면서 걷는다.

다. 내 몸 감각에 집중한다.

라. 다른 생각이 올라오면 '사랑해, 고마워, 괜찮아, 그럴 수 있어'를 조용하게 말해준다. 또는 내 호흡에 집중한다.

《집에서 보이는 자연 풍경: 심리적 혜택》에서는 자연에 있을 때 어떤 효과를 누릴 수 있는지 설명했다. 실제 운동 여부와 관련 없이 자연에 나가기만 해도 긍정적인 효과가 있었다. 나무, 호수가 있는 풍경을 보는 것도 괜찮았다. 이것은 사람들의 기분에 큰 영향을 주고, 우울증 증상도 줄여주었다고 한다.

3. 3주 차 : 물 마시기-10분 산책하기-감사일기 쓰기

이제 행동 3가지를 연결해 더 확실한 사랑 루틴 만들기를 연습한
다. 3주 차에 새롭게 할 행동은 '감사일기 기록하기'다. 산책하고 집
에 돌아와 가장 감사한 것 1개를 쓴다. 이때 쓰는 내용은 내 몸에 대
한 감사, 나에게 있는 것에 대한 감사, 오늘 내가 느낀 자연에 대한
감사를 주제로 좁혀서 써도 괜찮다. 산책하고 바로 연결해서 한다.

우리가 감사하면 뇌를 자극한다. '감사할 때 뇌 좌측의 전전두피
질을 활성화해, 스트레스를 낮춰주고 행복하게 해준다'는 연구 결과
가 있다. UC 데이비스의 심리학 교수인 로버트 에몬스가 감사일기
쓰기와 뇌의 변화를 연결한 실험을 했다. 그는 12살에서 80살 사이
의 사람들을 상대로 두 그룹으로 나누었다. 한 그룹에는 감사일기를
매일 또는 매주 쓰게 했고, 다른 그룹에는 아무 사건이나 적게 했다.
두 그룹의 차이는 한 달 뒤에 나타났다. 감사일기를 쓴 사람 중 4
분의 3은 행복 지수가 높게 나타났고, 수면, 일, 운동에서 더 좋은 성
과를 냈다. 그저 사람들이 감사일기로 쓰기만 했을 뿐인데 뇌의 화
학구조와 호르몬이 변하고 신경전달물질이 바뀌었다고 한다.

4. 루틴을 확실하게 해줄 대안 마련하기

가. 산책 대체 시간 정하기

내가 처음 정한 시간에 산책하지 못할 수 있다. 목표 시간에 하지 못할 경우를 대비해 다른 시간대 1개를 예비로 둔다.

나. 산책 대체 행동 정하기

외부 환경 요인으로 인해 산책하지 못할 경우를 대비해서 대체할 행동 1~2가지를 정해놓는다. 산책을 못 하는 상황일지라도 스트레칭하거나 계단 오르기 등 다른 행동으로 바꿔 할 수 있다. 이때, 시간을 꼭 10분으로 하지 않아도 괜찮다.

5. 보상하기

3주 루틴을 시작하기 전, 달성할 수 있는 성공 횟수를 미리 정한다. 평일에만 산책하는 것을 목표로 세우고, 4~5회를 성공 기준으로 삼는다. 3주 동안 총 12~15회 하는 것을 최종 목표로 정한다. 3주를 마무리하고 성공한 나에게 선물한다.

6. 글로 정리하기

글로 정리하다 보면 내가 감사한 것들에 대해 다시 한번 살펴볼 수 있다. 인스타그램이니 블로그에 정리하는 글을 쓰는 것도 괜찮다. 이는 3주 동안 느꼈던 마음이나 내 몸에 대해 생각하는 시간이 될 수 있다. 산책을 시작할 때와 마칠 때 사진을 찍어두는 것도 좋다.

"악기 연주하는 법을 배우듯이 사랑하는 법도 배워야 한다. 사람은 오직 사랑하기 위해서 이 세상에 태어났기 때문이다."

톨스토이는 《살아갈 날들을 위한 공부》에서 말했다. 우리가 물을 마시고, 산책하고, 감사일기를 쓰는 건 내 몸과 마음에 사랑을 주기 위해서다. 처음에는 무엇을 배우든 어렵고, 익숙하지 않지만 집중해서 연습하다 보면 실력이 늘어난다.

이처럼 내 몸과 마음에 사랑을 채우는 것도 배움과 연습이 필요하다. 시간을 내서 내 몸과 마음을 돌볼수록 더 좋아지고, 하면 할수록 나를 더 사랑하는 마음도 커질 것이다. 오늘부터 나만의 사랑 루틴으로 내 몸과 마음을 토닥여주고 사랑을 채우는 시간을 가져보는 건 어떨까?

2

긍정확언으로
더 나은 나를 만드는 법

내가 '긍정확언'을 처음 알게 된 것은 온라인 모임을 통해서다. 이 모임에서 아침마다 긍정확언을 쓰는 활동을 했다. 2018년 11월 20일에 처음으로 긍정확언을 쓰게 되었고, 그때 시작한 습관을 지금까지 유지하고 있다. 처음에는 어떤 문장을 써야 할지 막막했다. 모임의 리더는 자신의 긍정확언 문장을 예시로 보여주었다. 리더가 보여준 긍정확언에는 앞으로 내가 이루고 싶은 것들, 그리고 어떤 사람이 되고 싶은지에 대한 내용이 담겨 있었다.

나는 진지하게 고민했고, 그때 내가 정한 긍정확언은 총 5개였다.

3가지는 내가 바라는 나에 대한 목표였고, 남은 2가지는 남편과 아이들에게 있어 어떤 사람으로 살고 싶은지에 대한 내용이었다. 그중 하나는 '나 지에스더는 홈스쿨링, 그림책 육아로 책을 낼 것이다'였다. 그렇게 긍정확언 쓰기는 아침에 일어나 제일 처음 하는 일과가 되었다.

신기하게 내가 쓴 긍정확언이 이루어졌다. 그로부터 정확하게 2달 뒤, 나는 책 쓰기를 배우게 되었다. 그리고 2019년에 4월에《하루 15분, 내 아이 행복한 홈스쿨링》, 2020년 6월에《엄마표 책 육아》를 출간하게 되었다. 홈스쿨링, 그림책 육아는 처음 긍정확언에 썼던 내용이었다.

2019년 3월 29일에는 이렇게 긍정확언을 썼다. '나는 복직 전 책 3권을 출간한다. 작가 선생님으로 전국에 강연을 다닌다.' 이 또한 2021년에 모두 이루었다. 실제로 복직 전에 책 3권을 출간했다. 그리고 전국에 있는 도서관에서 줌으로 온라인 강연을 하고 있다.

내가 생각해도 신기했다. 그저 내가 이루고 싶은 것을 아침마다 썼을 뿐이었는데. 이게 정말 이루어질까? 싶기도 했지만 그래도 믿고 썼다. 지금까지 이루어진 것들을 보면 내가 순수한 마음으로 꼭 이루고 싶다는 간절한 마음을 담아 썼다는 것이 공통점이다.

'긍정확언'이란 무엇일까? '확언'이란 확실하게 말한다는 것이다. 즉, '긍정확언'은 나 자신에게 긍정적인 말을 확실하게 해주는 걸 의미하며, 그걸 소리 내서 말하거나 손으로 써볼 수 있다.

할 엘로드가 쓴 《미라클모닝》에는 아침에 일어나 바로 실천하기 좋은 루틴이 나온다. 이것을 책에서는 '기적의 6분'이라고 부른다. 그중 하나가 '확신의 말'이다. "성취하고자 하는 것들, 성취하기 위해 되고자 하는 존재와 내가 일치하도록 확신의 말을 적극적으로 활용한다면 잠재의식에 즉각적으로 영향을 미칠 수 있다." 이렇듯 확신의 말을 반복해서 외치라고 한다.

전 세계에서 가장 큰 도시락 회사를 운영하는 기업가로 김승호 씨가 있다. 《생각의 비밀》에서는 그가 지금의 성공에 이르기 위해 했던 방법을 설명한다. 그는 자신이 이룰 목표를 정하면 반복하는 행동이 있는데, 바로 내가 이루고자 하는 걸 하루에 100번씩, 100일 동안 중얼거리는 것이라고 했다. 그가 이렇게 하는 이유는 말이 가진 힘을 최대한 증폭시키기 위해서이라고 한다. 말에 힘을 부여하고 사라지지 않게 하기 위함이다.

하지만 긍정확언을 하다 보면 이런 마음이 들 수 있다. '이게 정말 될까? 이건 내가 아닌 거 같은데?' 오히려 긍정확언을 쓸수록 의심만 깊어지는 것 같다. 이런 내 마음의 저항을 줄이고 나에게 맞는 긍정확언을 찾는 방법이 있다.

"의문형 자기 암시는 저항력을 최소화하면서 확언하는 방법이다. 우리의 뇌는 질문을 받으면 반문하기보다 답을 찾기 시작한다. 그리고 답을 찾으면 보상이 없이도 움직일 힘을 얻어 행동력이 강해진다."

《나는 된다 잘 된다》에서는 확언문장을 의문형 문장으로 바꾸는 방법을 제안한다. 어떤 긍정확언 문장이 나에게 잘 다가오지 않을 때는 자신에게 질문 형태로 바꿔보는 것이다. 이는 나에게 맞는 긍정확언을 정할 때 하면 좋은 방법이다. 긍정확언을 하려 할 때 마음에서 저항이 올라오는가? 그렇다면 그 문장을 질문형으로 바꿔보자. 그리고 거기서 나만의 답을 찾아볼 수 있다. 내가 정말 이루고 싶은 것, 더 나은 나를 만들기 위해 긍정확언이라는 도구를 쓸 수 있다. 이런 자기 확신의 말은 사람들에게 어떤 영향을 줄까?

미국 플로리다 주립대 심리학과 로이 바우마이스터 교수가 있다. 그는 2007년에 〈신경과학 동향〉에 자기 암시의 효과를 다룬 연구 결과를 발표했다. "강한 의지는 타고나는 것이 아닙니다. 운동선수가 근육을 기르듯 훈련을 통해 만들어지는 거예요. 자기 암시를 반복적으로 한 사람은 그렇지 않은 사람보다 습관을 고치거나 목표를 이루는 데 더 강한 의지를 보입니다."고 말했다.

약사이자 심리치료사인 프랑스인 에밀 쿠에는 우연히 플라시보 효과를 확인하게 되었다. 플라시보 효과는 가짜 약의 효과를 믿고 병세가 좋아지는 증상을 말한다. 그는 무의식을 상상과 의지로 의식에 영향을 주는 쉽고 간단한 방법을 만들었다. 그리고 만나는 환자들에게 한 문장을 자주 반복하라고 조언했다. "나는 날마다 모든 면에서 점점 더 좋아지고 있다." 환자 중 그의 말을 듣고 실천한 사람은 실제 몸의 고통이 줄어들었다고 말했다.

게다가 사람들이 목표를 세울 때 긍정적인 문장을 쓰는 것이 더 낫다는 연구 결과도 있다. 2017년, 스웨덴 스톡홀름대와 린셰핑대 공동 연구진은 스웨덴 성인 1,066명을 대상으로 연구를 했다. 연구팀은 사람들이 어떤 새해 결심을 하고, 이를 얼마나 오래 유지하는지 추적했다. 참가자를 세 그룹으로 나누어 그룹마다 외부에서 도움을 주는 정도를 다르게 해서 진행했다.

실험 결과, 참가자들에게 제공했던 정보나 도움은 실천하는 데 큰 역할을 하지 못했다. 오히려 결심을 표현하는 방식에서 결과가 다르게 나타났다. '~하겠다'는 결심을 한 참가자의 목표 달성률이 '~하지 않겠다'의 목표를 세운 사람들보다 12% 더 높았다. 실험을 진행한 페르 칼브링 교수는 "결심하는 표현 방식을 바꾸면 확실히 효과가 있을 수 있다."고 말했다. 이처럼 긍정확언은 내가 결심한 것을 더 잘 실행할 수 있도록 도와준다. 이제 나만의 긍정확언을 만들어 볼 시간이다. 긍정확언을 할 때 생각하면 좋은 것들은 다음과 같다.

1. 나에 대한 이해가 먼저다.

당신은 어떤 긍정확언을 쓰고 싶은가? 긍정확언을 정하기 전에 먼저 생각할 것은 '나 자신에 대한 이해'다. 앞으로 나는 어떤 사람이 되고 싶은지, 내가 이루고 싶은 것은 무엇인지부터 살펴보는 것이 중요하다. 그래야 내 목표를 이루는 데 좋은 영향을 주는 긍정확언을 만들 수 있기 때문이다. 내가 쓰면서 의심스럽고 부정적인 생각이 들지 않는 문장이 더 효과가 좋다. 나를 살펴보고 나에게 딱 맞춘 긍정확언을 만들어보자.

2. 잠들기 전이나 아침에 일어나자마자 하는 것이 가장 좋다.

긍정확언은 아침에 일어나자마자 하거나 잠들기 전에 하는 게 좋다. 아침은 내 의식이 이제 막 움직이려는 때다. 잠들기 전에는 의식이 점차 낮아져 그 시간에 하는 말은 무의식에 가장 많이 영향을 끼칠 수 있다고 한다. 하루의 시작과 마무리로 나에게 긍정이 담긴 확신의 말을 들려주자.

3. 나에게 맞는 긍정확언을 만든다.

내가 이루고 싶은 미래를 그려본 후, 그와 연결된 여러 가지 주제의 내용으로 만들 수 있다. 내가 해내고 싶은 단기 목표, 건강, 재정, 사람 관계, 성품처럼 다양한 항목에서 뽑을 수 있다. 나는 현재, 가장 먼저 이루어야 할 목표와 재정 상황 및 인간관계, 그리고 건강과 내 주변 상황을 받아들이는 긍정확언을 하고 있다.

문장 형태는 '나는 ~ 한다'로 쓸 수 있다. '나는 7월 23일에 초고를 완성한다.'는 이 책을 쓰는 동안 내 첫 번째 긍정확언이다.

4. 긍정확언을 루틴으로 활용한다.

가. 이미 써놓은 문장을 소리 내서 읽는다.

나. 손으로 쓰면서 소리 내서 읽는다.

다. 일과 중에 한 번씩 소리 내서 읽는다.

나는 아침마다 긍정확언을 만년필로 공책에 쓰고 있다. 내가 아침 루틴을 시작할 때 제일 먼저 하는 일이다.

"일상의 행동과 삶의 방식이 나를 만들고 끊임없이 개조한다. 마음과 인간성뿐 아니라 육체마저도 변화시킨다. 현재의 나는 그 결과이며 내일의 나는 지금부터 행하는 하나하나의 행동으로 만들어진다."

니체는 말했다. 내가 선택한 행동과 말이 지금의 나를 만들었다. 앞으로 나는 어떤 모습으로 살고 싶은가? 더 나은 오늘을 만들 수 있도록 긍정확언을 활용해보자. 이는 내가 원하는 목표, 즉 내가 바라는 모습에 다가갈 수 있도록 도와주는 강력한 도구다.

노자는 《도덕경》에서 "가장 높은 수준의 선비는 도를 들으면 부지런히 그것을 실행한다"고 말했다. 머리로만 아는 지식은 진짜가 아니다. 내 삶은 머리에 담긴 지식이 아닌 손과 발을 쓸 때 바뀔 수 있다. 실천할 때 정말 내가 되고 싶은 모습, 바라는 모습과 점점 가까워질 수 있다. 오늘부터 긍정확언을 시작해보면 어떨까? 분명히 오늘보다 더 나은 나를, 내일 만날 수 있을 것이다.

3
작가의 내공을 기르는
10-5-1 법칙

나는 2018년 12월에 《토지》 필사를 시작했다. 그때 처음으로 온라인 모임에서 《토지》를 같이 필사할 사람들을 모았다. 그동안 50여 명이 토지를 완독했다. 나는 필사 랜선 벗들과 《토지》 필사로 바뀐 부분에 대해 생각을 나눈 적이 있다. 그들은 자신의 변화를 다음처럼 설명했다.

"매일 꾸준히 뭔가를 하는 습관이 생겼어요. 아무리 미루더라도 지기 전에 토지는 꼭 읽고 잡니다."

"토지를 필사하면서 온전히 나에게 집중하는 시간을 갖는 게 너무 좋아요."

"책(특히 소설)을 짧은 시간 동안 꾸준하게 읽는 것도 좋다는 걸 배웠어요."

그 외에 다양한 의견을 내주셨다. 공통점을 뽑아보면 다음과 같다. '첫째, 책 읽는 습관이 생겼다. 둘째, 나를 위한 시간을 보내게 되었다. 셋째, 날마다 꾸준히 필사하는 습관이 생겼다. 넷째, 나도 할 수 있다는 자신감이 생겼다.'이다. 이는 나도 마찬가지였다. 《토지》 필사로 이제는 장편소설이든, 두꺼운 고전이든 두렵지 않다. 매일 일정한 시간 꾸준하게 읽으면 분명 끝을 만날 수 있다는 것을 알았기 때문이다.

필사는 오래전부터 전해 내려오는 독서법이다. 책을 읽는 사람 중에 필사하는 이들이 많았다. 이는 동양이든 서양이든 마찬가지다.

"또 그 덕분에 에픽테토스의 어록을 알게 되었는데, 그는 자신이 가진 필사본을 나도 필사하도록 허락해주었다." 마르쿠스 아우렐리우스가 쓴 《명상록》에 보면 필사했다는 문장이 나와 있다. 그는 AD 100년대에 살았던 사람이다.

"만약 그 규모와 목차 외에도 또 뽑아야 할 게 있으면 별도로 책을 만들어 좋은 글이 있을 때마다 기록해 두어라. 나중에 요긴하게 써먹을 곳이 있을 것이다." 정약용이 두 아들에게 보낸 《유배지에서 보낸 편지》에도 필사하는 내용이 담겨 있다. 정약용은 1700년대에 실았던 인물이다. 그는 강진에서 18년 동안 유배 생활을 하는 동안 약 500권이 넘는 책을 저술했다고 한다. 그렇게 많은 책을 쓸 수 있었던 건 별도로 주제에 맞게 필사한 글을 모아놓았기 때문이었다.

내가 책을 쓸 때 무조건 곁에 두는 것이 있다. 바로 2년 동안 필사한 문장이 고스란히 들어 있는 고전 필사 공책 3권이다. 이번 책에서 인용하고 있는 고전에 나온 문장 대부분은 나의 필사 공책에 써뒀던 것들이다. 나는 글을 쓰다가 막힐 때도 고전 필사 공책을 펼친다. 그러면 신기하게도 다음에 쓰면 좋을 내용이 떠오른다.

나는 날마다 고전을 필사하며 작가의 내공을 쌓고 있다. 이번 장에서는 작가의 내공을 기르도록 도와주는 10-5-1 필사 루틴을 소개하고자 한다. 이것은 하루에 15분 정도 시간을 내면 만들 수 있는 습관이다. 앞으로 작가의 내공을 기르고 싶다면 나에게 맞게 적용해보자.

필사를 시작하기 전에 준비할 것이 있다. 먼저 나에게 맞게 점검해보자.

1. 필사할 책

내가 필사하고 싶은 책을 한 권 정한다. 처음 필사를 하는 사람은 시집부터 시작해도 좋다. 내가 쉽게 시작할 수 있거나, 그동안 읽고 싫었지만 자꾸 미루고 있는 책으로 골라도 좋다. 단, 처음부터 내가 읽기 너무 어려운 책은 고르지 않는다.

2. 필사할 공책

질 좋은 공책을 산다. 종이의 무게가 비침이 적은 80g 정도인 것으로 고르는 것도 괜찮다. 180도로 펴지는 공책이 좋다. 두고두고 쓰고 볼 수 있도록 겉표지가 튼튼한 것을 고른다.

3. 필기구

내가 쓸 때 필기감이 부드러운 것으로 고른다. 볼 때마다 기분이 좋은 것일수록 더 괜찮다. 나는 처음에는 3색 볼펜으로 필사했다. 그러다가 프레피 만년필을 썼다. 지금은 라미 만년필에 정착했다. 이 만년필은 1년 넘게 쓰고 있다. 검정과 파랑 잉크를 사용한다.

4. 독서대

필사는 책을 보고 공책에 베끼는 것이다. 그래서 책을 독서대에 올려놓고 필사하면 더 편하다.

이제는 필사하기 위한 환경을 설정해보자. 정확한 목표를 정해서 필사하는 습관을 만드는 게 좋다.

1. 필사 시간 정하기

하루에 15분 시간을 낼 수 있는 때를 정한다. 내 마음이 편안하고 주변이 조용할 때 필사하는 게 좋다. 그래야 책을 읽고, 내 생각을 기록할 때 집중할 수 있다. 처음 정한 시간에 하지 못하면 대체해서 할 시간도 미리 정한다.

2. 필사 장소 정하기

내가 필사하기 편안한 곳으로 정한다. 가능하면 늘 같은 장소에서 필사한다. 내가 필사할 곳에는 책, 공책, 필기구를 놓아둔다.

3. 목표 문장 쓰기

이제 목표 문장을 만드는 시간이다. 언제, 어디에서, 얼마만큼 필사할지 정한다. 내가 필사할 때 정한 목표 문장은 다음과 같다. 대체 시간을 선택한 것도 문장으로 쓴다.

나는 아침에 일어나서 물을 마신 뒤에 책을 읽는다. 하루 10분 읽

고 1문장을 필사한다. 이때 하지 못하면 둘째 아이가 낮잠 자는 시간에 한다.'

이제는 나에게 맞게 내용을 채워서 목표 문장을 만들어보자.

'나는 (무슨 행동을 한 다음에) 책을 읽는다. 하루에 (   )분 읽고 (   )문장 필사한다. 이때 못 하면 (   )에 한다.'

모든 준비가 됐으면 필사를 본격적으로 시작해보자. 필사는 책에 나온 문장을 그대로 베껴 쓰는 행동을 말한다. 책에 있는 대로 띄어쓰기, 쉼표, 점까지 똑같이 베긴다. 필사하는 방법에는 전체 필사와 부분 필사가 있다. 전체 필사는 책 전체를 베껴 쓰는 것이다. 조정래 작가는 며느리에게 《태백산맥》 전권 필사를 하게 했다는 일화가 있다.

부분 필사는 나에게 필요한 내용만 뽑아서 베껴 쓰는 것이다. 정약용이 했던 방법이 부분 필사다. 나는 읽다가 내 마음에 감동으로 다가온 문장, 생각하게 하는 문장을 고른다. 그리고 그것만 뽑아서 필사하고 있다. 이 장에서는 부분 필사 방법을 다룬다. 내가 하는 10-5-1 필사 루틴은 다음과 같다.

1. 책 읽기 (10분)

타이머를 10분에 맞추고 집중해서 읽는다. 책을 읽을 때는 지저분하게 읽는다. 읽다가 필요한 부분에 밑줄 치고, 접는다. 도서관에서 빌린 책은 연필로 살짝 표시한다. 나중에 지우는 번거로움이 있지만 어떤 부분을 골랐는지 찾는 시간을 줄여준다.

2. 필사하기 (5분)

타이머가 울리면 멈춘다. 내가 읽은 부분을 넘겨본다. 그중에 가장 마음에 남는 문장을 고른다. 처음에 필사할 때는 1문장만 써도 괜찮다. 다 베끼려는 마음은 내려놓고, 보석 하나만 담겠다는 마음으로 문장 한 개를 찾아보자.

3. 내 생각 쓰기 (1분)

이 루틴에서 가장 중요한 부분이다. 책을 읽고 갑자기 떠오른 생각, 지금 내 마음 상태, 다른 책에서 본 것들, 어떤 것이라도 기록한다. 이때 적은 생각은 나중에 다시 보면 새로운 아이디어를 주기도 한다. 책을 읽고 무엇을 실천해야겠다는 마음이 들면 꼭 적어두자. 내 느낌을 단어 수준이나, 1문장이라도 남긴다. 처음에는 내 생각을 쓰는 게 부담스러울 수 있다. 그럴 때는 감사일기로 바꿔도 괜찮다. 하다 보면 어느새 내 생각이 연결되기 때문이다. 최대한 아무 말 대잔치로 적어놓자. 완벽하지 않은 문장 형태로 써놔도 된다.

4. 보상하기

기간을 3~4주로 정한다. 그동안 하루 10분, 1문장을 반복한다. 평일을 기준으로 최소 성공 목표를 15~20회로 세운다. 그 기간에 목표한 양을 해내면 자신에게 선물한다. 같은 패턴을 반복한다.

"무릇 책을 읽을 때는 내 학문에 보탬이 될 만한 것은 살펴보고, 그렇지 않으면 눈여겨볼 필요도 없다. 이렇게 하면 백 권의 책이라도 열흘 정도 공들이면 읽을 수 있느니라."

정약용이 쓴 《유배지에서 보낸 편지》에 나온 내용이다. 이제 필사할 때는 나에게 보탬이 될 만한 것만 뽑아보자. 그리고 나만의 필사 공책을 만들어보는 것이다. 그 안에 담겨 있는 내 마음을 건드린 문장, 내 머리를 때린 문장들을 차곡차곡 모으는 행동이 작가의 내공이 된다. 오늘부터 나만의 내공을 기를 수 있는 핵심 무기를 하나 만들어보면 어떨까? 완벽하게 하는 것을 목표로 삼기보다는 쉽게, 꾸준하게, 나에게 맞는 속도로 하는 루틴을 완성해보자.

4
2년간 책 3권을 쓰게 해준 힘, 글쓰기 습관

　두 아이를 홈스쿨링 하면서, 2년 동안 3권의 책을 쓸 수 있었던 이유는 단 하나였다. 바로 '1일 1포스팅'하는 습관이었다. '1일 1포스팅'이란, 블로그에 날마다 글 한 개를 써서 발행하는 것을 뜻한다. 나는 2018년 10월, 블로그 글쓰기를 배웠다. 그다음부터는 무조건 하루에 글 1개를 써서 발행했다. 새벽마다 블로그에 글을 쓰는 게 재미있었다.

　내가 배운 〈블로그 과정〉에서는 나만의 콘텐츠를 만드는 것이 과제였다. 그래서 나는 블로그에 6개월 동인 꾸준하게 쓸 주제를 고민했다. 내가 연구하면서 계속 글을 쓸 수 있는 주제로 3가지를 정했다. 첫째, <엄마의 책 읽기>는 내가 읽는 책 서평을 쓰는 것이다. 둘째, <책 육아>는 두 아이에게 읽어주는 책에 대한 정보를 기록해놓기로 했다. 셋째, <홈스쿨링>은 두 아이를 모두 집에 데리고 있으면서 했던 내용을 다루는 거였다.

나는 그전까지 두 아이를 집에 데리고 있는 것만으로도 버거웠다. 날마다 우울하고 힘들었다. 하지만 내가 연구할 주제를 분명하게 정하니 거기에 맞게 공부할 수 있었다. 이를 바탕으로 하루를 계획했고, 놀랍게도 그중 두 가지 주제로 책을 쓰게 되었다. 글을 쓰는 공간이 블로그에서 A4용지 위로 이동했을 뿐, 꾸준히 새벽에 글 쓰는 행동은 그대로였다.

2020년에 나는 카카오 브런치라는 플랫폼을 처음 알게 되었다. 브런치는 작가로 신청해서 통과한 사람만 글을 발행할 수 있는 자격을 주는 독특한 특징이 있었다. 그래서 블로그와 다른 매력을 느꼈다. 브런치는 블로그보다 내가 글을 쓰는 사람이라는 느낌을 더 확실하게 느끼도록 해주었다. '브런치 작가', '브런치 매거진', '브런치북'이란 단어를 보고 있다 보면 내가 작가로 사는 기분이 들었다.

나는 브런치의 특성을 살려보고 싶었다. 내가 앞으로 쓸 책을 위해 미리 글감을 모아놓으면 좋겠다고 생각했다. 그래서 <홈스쿨링>이란 특정 주제로 작가 신청을 했다. 정확한 주제와 내용을 구상해서 도전했더니 브런치 작가로 한 번에 합격했다. 그 뒤로 평일에는 블로그에 글을 쓰고 브런치에는 토요일마다 〈집안일 놀이〉로 글을 계속 썼다. 브런치에서 '매거진'은 블로그의 카테고리 기능과 비슷했지만 글을 쓰는 사람에게는 책 쓰기를 준비하는 느낌을 더 주었다.

나는 주 1회로 20주 동안 글을 썼다. 그렇게 써놓은 글이 있어 세 번째 책은 편안하게 시작할 수 있었다. 이미 쓴 글 20개에 조금만 더 하면 책 한 권의 분량이 나올 수 있었기 때문이다. 코로나19로 우울하다는 마음이 한창 들던 때라, 그 마음을 책 쓰기로 극복했다. 그렇게《공부머리가 쑥쑥 자라는 집안일 놀이》책을 출간할 수 있었다.

어느새 2년 동안 3권의 책을 쓴 작가가 되어 있었다. 처음 책 쓰기를 시작할 때는 한 권만 출간해도 큰 도전이겠다고 생각했는데, 내 생각보다 더 큰 결과를 만났다. 이 모든 것은 꾸준하게 블로그나 브런치에 글을 쓴 습관 덕분이었다. 첫 책을 출간하고 나서도 마찬가지였다. 어떤 플랫폼이든 상관없이, 글을 쓴 시간은 절대로 헛되지 않았다. 그렇다면 이제 막 글쓰기를 시작하려는 사람은 어떤 습관을 만들면 좋을까? '하루에 15분 글쓰기'를 습관으로 만들어보자.

1. 내가 글을 쓸 곳 정하기

나 혼자 보기 위해서 쓰는 글은 일기다. 내 글쓰기 실력을 높일 수 있는 가장 좋은 방법은 누군가 읽을 수 있는 글을 쓰는 것이다. 가장 편안하게 시작할 수 있는 곳은 블로그다. 네이버 블로그는 네이버 아이디만 있으면 바로 만들 수 있어 처음 글쓰기를 시작하기에 좋다.

작가의 꿈이 있다면 브런치를 글쓰기 플랫폼으로 정하는 것도 괜찮다. 카카오 브런치는 예비 작가를 위한 다양한 이벤트를 연다. 전자북 출간이나 출판사와 연계한 출판 프로젝트로 공모전을 열기도 한다.

하지만 이런 활동에 참여하기 위해서는 브런치 작가 신청에 통과해야 한다. 브런치 작가 신청을 어떻게 해야 좋을지 고민인 분은 〈지에스더TV〉 유튜브나 내 브런치에 있는 〈쓰담 브런치〉 매거진 글을 읽어보길 바란다. 브런치에 작가 신청을 하기 위해 단계별로 해야 할 것들을 정리해놓았다. 보고 하나씩 따라 하다 보면 브런치 작가 신청까지 할 수 있도록 만들었다.

2. 글 쓸 시간 정하기

내가 언제 글을 쓸지 정하고, 하루에 딱 15분만 낸다. 작가들의 공통점 중 하나는 일정한 시간에 글을 쓴다는 것이다. 내가 작가가 되기 위해 날마다 일정한 양의 글 쓰는 습관이 있으면 좋다. 그러므로 꾸준하게 글을 쓸 수 있는 시간을 정확하게 정해놓고 그 시간에는 무조건 앉아서 글을 쓴다.

3. 목표 문장 쓰기

내가 글을 쓰는 모습이 눈앞에 선명하게 그려지도록 정한다. 나는 주로 필사한 뒤 글쓰기를 한다. 새벽에 일어나자마자 글을 쓰는 것보다는 필사하고 난 다음에 글쓰기를 하면 더 편안하기 때문이다. 당신은 언제 글쓰기를 더 쉽게 시작할 수 있는가? 그 상황을 생각해서 목표 문장을 정한다. 내 목표 문장은 다음과 같다.

'나는 필사를 하고 난 뒤 블로그에 15분 동안 글을 쓴다.'

이제는 당신이 목표 문장을 채울 차례다. 정확하게 목표를 세워보자.

'나는 (   )를 한 뒤에, (   )에 (   )분 동안 글을 쓴다.'

글을 쓰는 곳은 블로그, 브런치 중에서 정한다. 시간은 5~15분으로 세운다. 그때에는 집중해서 글만 쓴다.

4. 독자 정하기

내 글을 읽을 사람을 정한다. 이 세상 모든 사람을 위해 글을 쓰지 않는다. 내가 아끼는 단 한 사람을 위해 쓰면 충분하다. 나에게 편안한 상대를 한 명 정한다. 내가 알고 있는 것을 누구에게 알려주고 싶은가? 동생? 친구? 후배? 누구든 좋다. 딱 한 명 정해보자.

5. 글 주제 정하기

내가 책을 쓸 수 있었던 건 어떤 주제로 글을 쓸 것인지 정했기 때문이다. 그리고 그 주제에 맞는 글을 계속 썼다. 여기에서 주제는 내가 누군가에게 말로 계속 떠들 수 있는 내용 중에서 골라보자. 말할 수 있는 건 글에 모조리 담을 수 있다. 주제가 떠오르지 않는다면 브런치 메인 화면에 있는 키워드에서 골라볼 수 있다. 육아라는 주제도 하위 키워드가 많다. 홈스쿨링, 워킹맘 육아, 엄마표 놀이처럼 작게 나눠서 생각해보자.

처음에는 주제 하나만 정하기 힘들 것이다. 이럴 때는 4~5가지로 뽑아본다. 그리고 하나씩 써본다. 하다 보면 더 많이 이야기할 수 있는 주제가 눈에 띈다. 그러면 3개로 좁혀서 계속 쓴다. 6개월은 꾸준히 써본다고 생각하고, 한 주제로 깊이 들어가 보자.

6. 글감 모으기

내 일상에서 일어나는 모든 일이 글감이다. 오늘 아이가 한 말로도 글쓰기를 시작할 수 있다. 이제는 그냥 당연하게 일어나는 것으로 넘기지 말자. 갑자기 떠오른 생각은 메모 앱에 기록한다. 사진을 보면 글 쓸 주제가 생각나기 때문에 사진을 찍어두는 것도 좋다. 블로그의 가독성을 높이는 방법은 글에 적절한 사진을 넣는 것이다. 사진을 몇 개만 넣어도 글쓰기가 더 편안하다. 사진을 찍는 습관도 길러보자.

7. 무조건 쓰기

나는 글을 쓸 때 말하듯이 쓴다. 내가 아끼는 한 사람에게 이야기를 들려주는 느낌으로 말이다. 우선 떠오르는 대로 쭉 쓴다. 내용이 이상한 것 같아도 계속 쓴다. 수많은 작가가 '초고는 쓰레기'라고 말한다. 처음에 쓰는 글은 당연히 어색하다. 처음부터 완벽하게 글을 쓰는 사람은 없다. 글을 잘 쓰는 작가는 초고를 쓴 뒤 계속 고친다. 글은 고치면서 점점 나아진다.

글을 고칠 때는 소리 내서 읽어본다. 말이 어색한 부분을 찾아 고친다. 블로그나 브런치에는 맞춤법 검사 기능이 있는데, 이를 활용해서 글을 발행하기 전에 맞춤법 검사를 한다. 이는 PC 모드에 있는 기능이다. 글을 다 쓴 다음에는 맞춤법도 확인하는 습관을 길러보자.

"우리가 무엇을 할 수 있는지는 다른 누구도 아닌 자기 자신밖에 모른다. 또한 자기 자신도 스스로 도전해보기 전까지는 아무도 알 수 없다."

랠프 월도 에머슨이 말했다. 내가 어떤 글을 쓸 수 있는지는 오직 나만 알 수 있다. 그러나 그것은 글을 써보기 전까지 모른다. 내 안에 있는 보물은 내가 발견할 수 있다. '구슬이 서 말이라도 꿰어야 보배'란 속담이 있듯, 아무리 많은 구슬이 있어도 줄에 끼우지 않으면 그저 구슬일 뿐이다. 글도 마찬가지다. 써야 연결된다. 그래야 내가 가진 것이 비로소 드러난다.

오늘부터 무조건 글을 써보자. 쓰면 쓸수록 나를 더 깊이 알고 이해할 수 있다. 글쓰기는 나를 파악하는 데 탁월한 도구다. 그저 내가 꾸준하게 쓰는 행동만 하면 된다. 글쓰기라는 가성비 좋은 습관을 바로 시작해보면 어떨까.

5
하루 1분, 1문장으로
시작하는 쉬운 영어

2021년 4월, 윤여정 배우가 아카데미 여우조연상을 받으며 '윤며들다'는 신조어가 생겼다. '윤여정의 매력에 스며들었다'라는 의미다. 사람들은 수준 높은 영어 유머를 구사하는 윤여정을 보고 놀랐다. 그는 미국에서 13년 동안 산 적이 있다. 하지만 1987년에 한국으로 돌아왔으니 미국 생활은 이미 34년 전 일이다.

외국어의 특징 중 하나는 쓰지 않으면 잊어버린다는 것이다. 성인이 되어서 배운 외국어는 연습하지 않으면 더 쉽게 잊는다. 이미모국어가 뇌에 자리 잡았기 때문이다. 그러니 73세의 나이에도 영어로 편안하게 말할 수 있다는 건 어떤 의미일까? 윤여정 배우의 끊임 없는 노력이 뒷받침되었다는 것이다. 이런 효과로 최근에 공통적인 현상이 인터넷 쇼핑몰에서 나타났다. 바로 영어 교육 관련 상품 구매가 증가했다는 점이었다. 특히 중장년층의 외국어 배우기가 유행으로 번졌다. 너도나도 '나도 윤여정처럼 영어 하고 싶다'는 마음이리라.

MK 유튜브 대학을 세우고, 온라인으로 활동 영역을 넓힌 스타 강사 김미경 씨가 있다. 그는 늦게 영어를 공부한 사람이다. 그는 박명수가 진행하는 라디오 방송에 출연했다. 박명수가 김미경 씨에게 "당신의 꿈은 무엇인가요?"를 물었다. 그러자 김미경 씨는 "내가 나를 사랑하는 방식이에요. 저는 영어 공부를 3년 전부터 시작했어요. 영어를 하루에 다섯 시간 공부해요. 시간을 쪼개고 쪼개서 공부해요. 이건 5년 후 김미경에게 보내는 선물이에요."라고 말했다. 그는 처음부터 영어를 잘하지 않았다. 영어 울렁증이 심했다고 한다. 하지만 20대부터 영어로 강의하고 싶은 꿈을 꾸었고, 그걸 이루기 위해 날마다 영어 공부를 하는 것이었다.

그렇다면 우리나라 성인은 영어 공부에 대해 어떻게 생각하고 있을까? 2019년, 엠브레인 트렌드 모니터가 '성인 영어 학습'을 주제로 설문 조사를 했다. 대상은 만 19세~59세 성인 남녀 1,000명이었다. 여기서 대학생은 제외했다.

참가자의 86.6%가 영어를 잘하고 싶다고 했다. 그리고 70.2%는 영어 공부가 필요하다고 느낀다고 응답했다. 그들이 영어 공부의 필요성을 꼽은 이유는 첫째, '영어를 잘하면 기회가 더 많아서', 둘째, '영어 회화 능력은 개인의 경쟁력이기 때문에', 셋째, '미래를 준비하기 위해서'였다. 하지만 이러한 바람과 다르게 실제 영어 공부하고 있는 비율은 낮았다. 전체 응답자 중 고작 19.6%만이 영어 공부를 하고 있었다.

우리나라 성인들이 새해 목표로 세우는 것 중 하나가 '영어 공부'다. 2019년, YBM넷에서 20~30대 506명을 대상으로 설문 조사를 했다. 응답자의 44.5%가 2019년에 영어 공부를 계획하고 있다고 답했다.

하지만 목표와 다르게 영어 공부를 중도에 포기하는 이들이 많다. 2018년, 잡코리아에서 성인 남녀 2,403명을 대상으로 새해 계획의 유효기간을 조사한 적이 있다. 가장 많은 응답이 나온 문항은 '3월이면 흐지부지된다'로 34.4%였다. '1월도 안 돼 무너진다'라고 응답한 비율은 26.9%, '작심삼일'이라고 답한 비율은 15.9%였다. 3가지 비율을 합치면 자그마치 77%다. 많은 성인이 새해 계획을 세우지만, 3개월 정도 되면 이미 포기한 상태라는 것이다. 그렇다면 성인들은 왜 영어 공부를 중간에 그만두게 되는 걸까?

2016년, 영어 회화 인터넷 강의 사이트 야나두에서 성인들의 영어 공부 실패 원인을 조사했는데, 응답자의 69%가 '매일 혹은 꾸준히 학습하지 못해서'를 이유로 꼽았다는 것이다. 그다음은 '바쁜 일상에서 시간이 부족하다'였다.

많은 이들이 영어 공부가 인생에서 필요하다고 생각하기에 하려 한다. 하지만 그만큼 중간에 포기하는 이들이 많다. 그 원인으로는 꾸준하게 하지 못하는 것을 들 수 있다. 그렇다면 우리에게 가장 필요한 건 영어를 꾸준하게 하는 습관을 만드는 것이다.

이 장에서 제시하는 방법은 하루 1분, 1문장으로 쉽게 시작하는 영어 루틴이다. 하루 1분, 단 한 문장이라고? 그 정도 해서 무슨 영어 실력이 길러질까 싶을 것이다. 기억하자. 여기에서 만들고자 하는 것은 탁월한 영어 실력이 아니다. 하루에 딱 1분! 시간 내서 영어를 공부하는 '습관 만들기'다. 1분으로 시작하는 영어, 해볼 만하지 않은가?

1. 영어 공부하는 시간 정하기

하루에 1분 집중해서 영어 공부하는 시간을 정한다. 공부를 시작하는 시간에 알람을 맞추는 것도 좋다.

2. 영어 공부를 할 장소 정하기

집중해서 영어 공부 할 수 있는 장소를 정한다. 거기서는 무조건 영어 공부를 하는 거다.

3. 나에게 맞는 영어 공부 방법 정하기

1분 동안 할 수 있는 몇 가지 공부 방법 중 끌리는 것을 해본다. 내가 하기에 가장 만만한 것으로 시작한다. 이때, 목표를 너무 높게 잡지 말고, 1분 동안 재미있게 할 수 있는 것으로 선택한다. 여기 나온 방법 외 다른 것으로 해도 된다.

가. 영어책 읽기 (1분)

1분 동안 읽을 영어책을 하나 정한다. 가장 만만한 책으로 고른다. 딱 1분에 맞춰서 집중해서 소리 내서 읽는다. 날마다 1분만 읽고, 읽은 책에서 문장 1개를 고른다.

나. 영어책 듣기 (1분)

책과 음원 파일이 있는 경우에는 1분 동안 집중 듣기를 한다. 1분만 집중해서 듣고, 오늘 들은 문장에서 1개를 고른다.

다. TED 영상 대본 읽기 (1분)

TED에는 짧은 시간에 들을 수 있는 영상들이 있다. 여기에서 마음에 드는 영상을 고른다. 대본을 보면서 딱 1분까지만 듣고, 오늘 들은 문장에서 1개를 고른다.

라. 영어 DVD 대본 읽기 (1분)

아이와 엄마표 영어를 하고 있다면 집에 영어 DVD가 있다. 어린이 교육용으로 나온 영어 DVD는 영어 공부하기에 좋은 교재다. 이것을 활용할 수 있다. 대본을 1분 소리 내서 읽는다.

4. 목표 문장 정하기

하루에 1분, 1문장으로 영어를 공부하겠다고 목표 문장을 쓴다. 어떤 방법을 선택하든지 기본은 하루에 1분, 1문장과 친해지기다. 목표 문장 예시는 다음과 같다.

'나는 까이유 대본 읽기로 하루에 1분 공부하고, 1문장을 베껴 쓴다.'

이제는 당신의 목표 문장을 완성하는 시간이다. 나에게 맞는 영어 공부 방법을 1가지 정한다. 책이든, 영상이든 뭐든 괜찮다. 내가 정한 공부 방법의 정확한 제목으로 바꿔서 써보자.

'나는 (정확한 제목)(으)로 하루에 1분 공부하고, 1문장을 베껴 쓴다.'

5. 1문장 필사하기

어떤 방법을 선택하든 거기에서 하루에 1문장을 뽑는다. 그리고 그것을 메모지나 공책에 필사한다. 적고 소리 내서 읽는다. 하루에 딱 1문장과 친해진다.

6. 자주 머무는 장소에 영어 문장 붙여놓기

오늘 내가 본 문장 1개를 자주 머무는 곳에 붙여놓는다. 그러면 오늘 공부한 문장을 1번 이상 더 볼 수 있다. 그곳에 갈 때마다 영어 문장이 보이면 소리 내서 읽는다. 오늘 쓴 문장을 집안일 하면서 읽는다.

율곡 이이의 어머니 신사임당은 고전을 읽고 필사를 했다. 자신이 기억하고 싶은 것이나 아이들에게 도움이 되는 문장은 종이에 써서 벽에 붙여놓았다. 자녀들은 어머니가 쓴 문장을 어릴 때부터 친근하게 보았다. 조선 시대 천재로 손꼽히는 율곡 이이는 고전을 어머니 외에 다른 사람에게 배운 적이 없다고 했다.

이처럼 오늘 내가 공부한 문장을 아이에게 말해줄 수 있다. 아이 앞에서 영어 스피킹 연습을 해보자. 어릴 때부터 엄마가 영어 공부를 하는 모습을 자연스럽게 보여주는 것도 괜찮다. 아이는 영어에 대해서 친근한 느낌을 받으며 자랄 수 있다.

7. 보상하기

기간을 3~4주로 정한다. 그리고 하루 1분, 1문장을 반복한다. 평일을 기준으로 최소 성공 목표를 15~20회로 세운다. 그 기간에 목표한 양을 해내면 자신에게 선물한다. 같은 패턴을 반복한다.

"군자는 말에는 어눌하고 행동에는 민첩하려 한다."

《논어》에 나온 말이다. 당신은 어떤 사람이 되고 싶은가? 하겠다는 말만 하는 사람인가, 실천하는 사람인가? 영어 공부는 꾸준히, 반복해서 연습하는 것이 답이다. 그러기 위해서 내가 계속 영어 공부할 수 있도록 최대한 쉽게 목표를 잡는다. 무조건 내가 정한 시간에 실행한다. 그래야 영어 공부하는 습관을 만들 수 있다. 이제는 하루에 딱 1분, 1문장으로 영어 공부를 시작해보자. 날마다 영어 공부를 꾸준히 하는 내 모습을 만나는 뿌듯한 순간이 올 것이다.

6
하루 7분,
경제에 눈뜨는 시간

　나는 경알못(경제를 잘 알지 못하는 사람), 부린이(부동산과 어린이의 합성어로 부동산 투자에서 초보자를 말함)로, 금융 문맹인이다. 아는 금융 지식이 별로 없다. 그렇다고 그 분야에 관심이 있느냐? 그것도 아니다. 지금 세상이 어떻게 돌아가고 있는지, 경제는 어떤 방향으로 나가고 있는지는 내 알 바가 아니었다. 나는 두 아이만 잘 키우면 된다고 생각했다. 돈은 잘 몰라도 괜찮다고 여기며 살았다.

　텔레비전 뉴스를 따로 보지 않았고, 휴대폰으로 최근 기사도 검색하지 않았다. 종이 신문이 뭔가! 세상에서 이런 일이 일어나고 있는지 모르고 살았다. 그래도 사는 데는 딱히 불편하지 않았다. 그냥 애만 키우느라 요즘 시대에 좀 뒤처진 사람이겠거니 싶었다. 현재 이슈를 모른다고 내가 손해 보는 일은 없었으니까.

"엄마, 코로나는 언제 끝나요?"

"나도 몰라. 엄마도 궁금해."

아이가 물어보는 말에 나는 대답할 수 없었다. 오늘은 유치원에 가지 못하는 까닭이 코로나 때문이라는 말만 해주고 있었다. 우리는 앞으로 어떻게 살아야 하는 거지? 무엇을 준비하고 있어야 하지? 이런 질문들에 대해 하나도 말해줄 수 없었다.

앞이 보이지 않았고 절망스러웠다. 재난 안전 문자는 날마다 수시로 왔다. 나는 확진자가 다닌 경로를 확인하고 안심했다가 불안해하기를 반복했다. 날마다 오늘의 확진자 수가 몇 명이라는 문자는 나를 두렵게 했다.

더는 눈뜬장님으로 살면 안 되겠다고 생각했다. 지금 세상이 어떻게 돌아가고 있는지부터 알아보기로 했다. 여러 분야 중 경제와 돈에 대해 자세히 배우고 싶었다. 한때 재테크를 공부하겠다며 관련 책을 몰아서 읽은 적이 있었는데, 거기서 한결같이 말하는 바가 '부자는 경제신문을 읽는다'였다.

그동안 나는 '경제신문을 읽으면 좋을 거야'라고 생각만 했을 뿐,

실천하지 않았다. 남들이 아무리 좋다고 말하면 뭐 하나. 내가 안 하면 의미 없다. 가야 할 길을 모르면 큰길로 가라 하지 않는가. 우선 부자들의 습관인 경제신문 읽기부터 따라 하기로 했다.

덜컥 경제신문 1년 정기구독을 신청했다. 신문은 인터넷으로 봐도 되었지만 나는 종이신문으로 선택했다. 엄마가 신문 보는 모습을 아이들에게 자주 보여주면 살아있는 교육이 되지 않겠는가. 아이가 관심 있는 분야의 기사를 보면 아이에게도 건네줄 수 있을 것이다.

정기구독을 신청한 다음 날 신문이 왔다. 현관문을 열고 나가니 신문이 떡하니 놓여 있었다. 이른 새벽부터 귀한 선물을 받은 기분이었다. 마음을 가다듬고 한 장씩 넘겨보았다. '음, 이건 뭐지? 우리말이 맞아?' 외계어가 내 눈앞에 떠도는 느낌이었다. 이제 막 경제신문을 보기 시작했으니 당연한 일이었다. 앞으로 내가 배우고 알아야 할 것들이 많다는 것뿐이었다.

나는 여태까지 한 번도 신문을 꾸준하게 본 적 없었다. 작심삼일에 그칠 내 모습이 선명하게 그려졌다. 넘기지도 않은 신문이 집 안에 쌓여가는 걸 보고 싶지 않았다. 어떻게든 내가 반강제로 신문을 펼칠 수 있는 안전장치가 필요했다. 나는 바로 블로그에서 사람들을 모았다.

다른 사람들이랑 최대한 쉽게, 꾸준하게 볼 수 있으려면 어떻게 해야 좋을지를 고민했다. 그동안 안 하던 것을 새로운 습관으로 만들 때는 딱 한 가지만 생각했다. 바로 발가락 힘만으로도 할 수 있는 행동이어야 한다는 점이었다. 나 같이 경제의 '경'자도 모르는 사람도 쉽게 할 수 있는 방법을 찾기로 했다.

우선 시간을 맞추고 신문을 넘겼다. 제목만 쭉 읽어보니 약 7분이 걸렸다. '그래, 하루에 딱 7분만 내서 세상을 알아가기로 하자!' 그렇게 〈하루 7분 경제신문 친해지기〉 모임이 시작됐다. 그리고 지금까지 경제신문을 꾸준하게 보고 있다. 이제 하루에 7분 시간을 내서 경제에 눈 뜨는 시간을 만들어보자. 하루에 딱 7분, 내가 신문과 친해지는 루틴을 만드는 것이다. 하는 방법은 다음과 같다.

1. 신문 볼 시간 정하기

언제 꾸준하게 신문을 볼 수 있는지 정한다. 하루에 7분, 시간을 낼 수 있는 때로 정한다. 신문 보기는 아이들이 깨어있는 시간에 하는 것도 괜찮다. 엄마가 신문 보는 모습을 자주 보는 것이 곧 살아있는 교육이다. 처음에 신문 보기를 할 때는 아이들이 없는 조용한 시간에 봤다가 지금은 아이들이 보는 앞에서 신문을 넘기고 있다.

2. 신문 볼 장소 정하기

나는 신문을 식탁에서 본다. 보다가 아이에게 들려주고 싶은 기사가 나오면 읽어준다. 남편에게 오늘 본 이슈를 말해주기도 한다.

3. 신문 정하기

종이신문을 볼지, 앱으로 볼지, 인터넷에서 볼지 정한다. 저마다 장단점이 있다. 내가 꾸준하게 할 수 있는 방법으로 정한다.

4. 공책과 필기구 정하기

내가 뽑은 신문 기사 제목을 적을 공책과 펜을 정한다. 내 맘에 드는 것으로 선택한다.

5. 목표 문장 쓰기

언제, 어디에서 할지 목표 문장을 정하는 시간이다. 나의 목표 문장은 다음과 같다. 대체할 시간도 1개 정한다.

'나는 아침을 먹고 나서 식탁에서 종이신문을 본다. 이때 못 하면 저녁을 먹고 한다.'

이제는 당신이 목표 문장을 쓸 시간이다. 괄호 안에 나에게 맞는 단어로 바꾸어보자.

'나는 (언제) (어디에서) (어떤 형태의 신문)을 본다. 이때 못 하면 (언제)

한다.'

하루에 7분 시간을 내서 신문 보는 방법은 다음과 같다.

1. 타이머 맞추기 (7분)

타이머를 7분에 맞추고 신문을 넘긴다. 기사 제목만 훑어본다. 관심 가는 제목이 나오면 신문을 접거나, 볼펜으로 표시한다. 타이머가 울리기 전까지 최대한 집중한다.

2. 기사 제목 쓰기 (1분)

내가 표시한 기사 중 3~5개의 제목을 골라 공책에 쓴다. 나중에 시간을 내어 기사 내용까지 읽었다면 추가로 내용을 정리하는 것도 괜찮다. 이때 볼펜 색깔을 다르게 써도 된다.

3. 이슈 정리하기

3~4주에 한 번씩 이슈를 정리한다. 국내외에서 가장 뜨거운 주제였다고 생각하는 것을 내 말로 간단하게 바꾸어 써본다.

4. 성공 기준 정하고 보상하기

기간을 3~4주로 잡는다. 성공 기준을 3주일 때는 15회로 잡는다. 목표는 주중에 신문 보기다. 평일에 못 했다면 주말에 보충해서 보고 날수를 채운다. 해낸 나에게 선물을 사준다. 이것을 3~4주씩 반복한다.

"그러나 사막은 하루에도 수십 번씩 모습을 바꾼다. 비탈진 언덕이 생기는가 하면 신비로운 상징이 살아 숨 쉬는 것 같은 단단한 형상이 불쑥불쑥 생겨난다. 그것을 발견하는 순간, 단조로움은 더는 존재하지 않는다."

생텍쥐페리 잠언집인 《우리가 사랑해야 하는 이유》에 나온 글이다. 사하라 사막은 모래만 끝없이 펼쳐진 곳이다. 사람들은 이곳에서 날마다 권태로움과 단조로움에 시달린다고 한다. 하지만 내가 그곳의 변화를 발견하는 순간 그 단조로움은 사라진다.

신문을 보는 것도 이와 같다. 지금 경제는 어떤 흐름으로 가고 있는지, 세상은 얼마나 빠르게 바뀌고 있는지 알지 못할 때는 단조롭다. 세상이 아무리 빠르게 변하고 있다고 해도 내 눈에 보이지 않는다. 하지만 신문을 보면 차츰 변화가 눈에 들어온다. 그러면 세상이 다르게 보이기 시작한다.

지금 일어나고 있는 빠른 시대 변화를 눈으로 보고 싶은가? 경제신문에서 발견할 수 있다. 하면 할수록 경제에 조금씩 눈뜰 수 있고, 꾸준하게 읽으면서 흐름을 판단하는 내 능력도 키워보자. 하루에 7분, 경제에 눈 뜨는 시간으로 보내면 어떨까.

7
하루 5분,
우울함을 날려주는 시간

나는 미니멀 라이프를 좋아한다. 미니멀 라이프의 핵심은 내가 좋아하는 물건, 설레는 물건만 곁에 두고 산다는 거다. 내가 정리하는 기준은 만졌을 때 느낌이다. '설레는 것만 남기라!'는 일본 정리전문가 곤도 마리에게 배운 방법이다. 그 뒤로는 물건을 구분할 때는 무조건 만져보고 나서 정한다. 내 마음의 소리를 듣는다.

하지만 미니멀 라이프는 두 아이를 키우면서 바뀌었다. 이것은 늘 내 마음에만 남아있는 말이 되었다. 아이들과 함께 하는 생활에서 미니멀 라이프를 실천하기는 어려웠다. 애들이 자랄수록 물건이 계속 늘어났다. 집에 아이 한 명이 더 생긴 것뿐인데, 신기하게 물건은 기하급수로 불었다. 이것은 생물이 빠르게 번식하는 모습을 보는 느낌이었다.

둘째 아이의 돌 전까지는 그나마 나았다. 그러나 둘째 아이가 "내거야!"를 외치기 시작하면서, 물건의 양적 증가는 급물살을 타게 되었다. 게다가 같은 물건이 2개씩 배수로 더해지면서 가속도가 붙었다.

"내 거야. 내가 갖고 놀았잖아!"

"엄마, 지민이가 자꾸 자기 거래요. 내 건데. 지민이는 바보예요. 자기 것도 몰라."

두 아이가 다툴 때의 상황은 비슷했다. 원인은 우리 집에 딱 1개만 있는 물건 때문이었다. 첫째 아이, 둘째 아이 모두 어린아이였다. 나는 첫째 아이의 마음도 헤아려주어야 했다. 아이들에게 순서를 정해 일정한 시간씩 갖고 놀라는 것도 한계가 있었다. 그러다 보니 어느 순간 같은 물건을 2개씩 사고 있었다. 그것도 똑같은 것으로.

미니멀 라이프는 오늘도 내 마음에만 있는 말이 되었다. 정말이지 아무것도 없는 집에서 살고 싶다는 바람만 커질 뿐, 현실에서는 작은 블록 조각을 밟고 "악" 소리를 내고 있었다.

코로나19로 아이들과 집에 있는 시간이 더 늘었다. 애들이 놀고 난 자리는 늘 전쟁터였다. 나는 애들이 노는 소리에 정신이 없었다. 그리고 어질러진 곳을 볼 때마다 '저걸 언제 다 치우나?' 싶었다. 물건이 쌓여있을수록 더 하기 싫었다. 그럴수록 짜증만 났다.

"즐거운 곳에서 즐거움은 진정한 즐거움이 아니다. 괴로움 속에서 즐거울 수 있어야 비로소 마음의 참된 움직임을 보게 된다."

《채근담》에 나온 글이다. 문득 '청소해볼까?' 하는 마음이 들었다. 아이들이 노는 곳은 두더라도 집안 곳곳에서 방치되고 있는 공간이 있었다. 내 손이 잘 닿지 않는 곳이었다. 거기를 지나칠 때마다 생각했다. '지금은 바쁘니까 저기는 다음에 해야지' 그러나 바뀌지 않았다. 내 머리에서는 '다음에'만 반복했다. 늘 다음에는 치우겠다고 다짐만 하는 장소일 뿐이었다. '언젠가는 하겠지'로 계속 내버려 두고 있었다. 그런 곳도 청소해줄 수 있다면 얼마나 좋을까?

나는 생각을 전환하기로 했다. 미니멀 라이프 대신 미니멀 청소를 하기로 마음먹었다. 바로 '5분 청소'였다. 이 시간에 집중해서 치우기를 했다. 5분 정도면 생각보다 많은 일을 할 수 있었다. 집 전체를 한 번에 치우는 것이 아니어서 가능했다.

예전에 100일 동안 정리하는 온라인 프로그램에 참여한 적 있었다. 그때 '뽀모도로 타이머'를 알게 되었다. 뽀모도로 타이머는 25분을 집중해서 하고, 5분 동안 휴식 시간을 갖게 해주는 시계다. 그때 5분 쉬기를 할 때 생각보다 길다고 느꼈던 기억이 떠올랐다. 그래서 25분 청소가 아닌 5분 청소만 해보기로 했다.

결과는 놀라웠다. 5분만 시간 내도 설거지했던 그릇을 제자리에 놓을 수 있었다. 5분만 닦으니 벽에 묻었던 음식 자국을 닦을 수 있었다. 아이가 식탁에 붙여놓은 지저분한 스티커도 뗄 수 있었다. 5분만 해야겠다고 마음먹으니 오히려 몸을 움직이기 쉬웠다. 청소하고 나니까 기분이 바뀌었다. 우울한 마음보다는 상쾌하고 뿌듯했다.

가수 아이유의 기분이 안 좋을 때 5분 만에 푸는 방법을 본 적 있다. "기분이 안 좋을 때 어떻게 푸나요?"라는 질문에 아이유는 이렇게 대답했다. "빨리 몸을 움직여야 해요. 집 안에라도 돌아다니고, 설거지라도 한다든지, 안 뜯었던 소포를 뜯는다든지, 우울한 기분이 들 때 그 기분에 진짜 속지 않으려고 노력해요."

그중에서 '그 기분에 속지 않으려고 한다'는 말이 가장 와닿았다. 딱 맞는 말이었다. 내가 우울하다며 거기에 머무르면 어떤가? 이상하게 그 감정에 깊이 빠진다. 나도 모르게 점점 더 우울해진다. 이때는 아이유가 한 것처럼 몸을 움직여서 기분을 전환하는 게 좋다. 5분 청소로 우울한 내 마음을 시원하게 날려버릴 수 있다. 지금부터 청소하면서 내 기분 상태를 바꾸어보자. 하는 방법은 다음과 같다.

1. 청소할 곳 정하기

우리 집을 둘러본다. 공간을 아주 세세하게 나눈다. 최대한 작게 분해해서 바라본다. 그중에서 가장 치우기 만만해 보이는 곳으로 고른다. 5분으로 집 전체를 치울 수 없다. 하지만 작은 공간, 물건 한 개는 가능하다. 이때 내가 자주 머무는 곳부터 시작하는 것도 괜찮다.

2. 청소 방법 고르기

가. 물건 제자리 놓기

5분 동안 물건을 제자리에 놓는다. 물건이 제자리에 있으면 다음에 쓰기 더 편하다. 물건을 찾지 않아도 되어 낭비하는 시간이 없다. 그리고 제자리에 알맞게 놓인 물건을 보면 마음이 안정된다.

나. 쓰레기만 줍기

내가 정한 공간에 있는 쓰레기만 찾는다. 봉지를 들고 다니며 줍는다.

다. 버릴 물건 찾기

집에 두지 않아도 되는 물건을 찾는다. 5분 안에 찾고 결정한다. 그 물건을 현관문 앞에 둔다. 그래서 나갈 때 바로 가지고 가서 버린다.

라. 먼지 털기

물건 하나만 정해서 먼지를 털어준다.

마. 빗자루질이나 걸레질하기

물건이나 바닥을 정하고 쓸거나 닦는다. 빗자루질과 걸레질은 온몸 운동이 된다.

바. 거울 닦기

집에 있는 거울 1개를 닦는다. 닦아주고 난 뒤에 나를 보고 환하게 웃어준다. 나에게 "사랑해, 고마워, 예뻐"를 말해준다. 환하게 웃다 보면 기분이 더 좋아진다.

3. 타이머 맞추기

5분에 맞춘다. 이 시간 동안 집중해서 한다. 청소할 때는 다른 생각을 하지 않는다. 오직 지금 내가 잡은 물건과 내 몸의 감각에만 집중한다.

2016년, 영국의 영양식품 전문 업체 '머슬푸드닷컴(musclefood.com)'에서 집안일로 소모하는 칼로리의 양을 계산하는 연구를 했다. 설거지를 매일 15분씩 할 때 1주일 동안 560칼로리를 소모한다고 했다. 빗자루질이나 걸레질은 30분 동안 145칼로리를 태웠다. 이는 러닝머신을 15분 한 것과 같은 양이었다. 이처럼 꾸준한 청소는 운동하는 효과까지 덤으로 얻을 수 있다. 딱 5분만 시간 내서 하는 청소로 내 운동 시간이 늘고 있는 것이다.

"그리고 슬픔이 가라앉으면 (슬픔은 언젠가는 가라앉는 법이니까) 아저씨는 나를 만난 걸 기쁘게 생각할 거야."

《어린 왕자》에 나온 글이다. 우울한 감정은 언젠가 없어진다. 내가 무슨 행동을 하느냐에 따라, 어떻게 느끼느냐에 따라 바뀔 수 있다. 이제는 5분만 시간 내서 청소해보자. 가라앉는 감정에 빠지기보다는 몸을 움직여서 전환하자. 그러면 내가 청소한 것을 기쁘게 생각하게 될 것이다.

지금 우울한 마음이 드는가? 5분 청소로 그 기분을 고이 보내주자. 하다 보면 내 마음이 바뀔 수 있다. 그 시간은 운동한 효과까지 덤으로 얻는다. 어느 순간 내가 청소했다는 것만으로도 기분이 좋아질 것이다. 이제 우리에게 필요한 건 딱 5분이다. 내 우울한 기분을 날려버리기 충분하다. 몸과 마음이 건강해지는 5분의 마법. 오늘부터 시작해보자.

6장 함께해야 멀리 간다

1
작심삼일을 깨뜨려주는 랜선의 힘

"아이까지 셋이 사는 집이고 남편과 맞벌이인데 집안일은 제가 거의 다 해서 억울함을 가지고 하는 것 같아요."

"집안일에 대해서 그렇게 긍정적인 감정은 아니에요. 어쩔 수 없이 하는 일, 안 할 수만 있다면 안 하고 싶은 일이에요."

"아이가 잘 때나 아이가 없을 때 오로지 내가 해치워야 하는 내 일이죠."

나는 최근에 〈공부머리가 자라는 집안일 놀이〉 랜선 공동육아 모임을 만들었다. 아이와 하루에 1개의 집안일 놀이를 하는 것을 인증하는 랜선 모임이었다. 모임을 시작하는 첫날에는 집안일에 대해 각자 느낌을 나누었다. 저마다 단톡방에 대화로 올려주시는 내용을 읽으며 생각했다. '아니, 어쩜 죄다 내 마음 같은 말만 하는 걸까.'

우리 중에서 집안일을 좋아하면서 하는 이는 얼마나 있을까. 결혼 전에 집안일을 충분히 해본 이는 과연 얼마나 많을까. 아이가 태어나니 집안일의 강도는 더 올라갔다. 끝도 없는 일의 연속이다. 하다 보면 집안일은 고스란히 내 몫이 된 기분이다. 어떤 날은 아무것도 하기가 싫다. 그래도 억지로 몸을 일으켜서 해야 한다. 안 그러면 난장판이 된 집을 봐야 하니까.

이처럼 랜선 모임에 오신 분들은 집안일이 아이에게 무슨 놀이가 되겠냐며 부정적인 마음으로 시작했다. 하지만 같이하다 보니 조금씩 바뀌었다. 저마다 아이와 집안일로 함께할 수 있는 것들이 늘고 있었다. 서로 칭찬하고 응원하며 즐겁게 해나가게 되었다.

"이 작은 공간에서 아침부터 많은 힘을 얻게 되네요."

"좋은 분들과 더불어 아이와 제가 함께 성장하네요."

"육아에 지치고 구멍투성이인 우리지만, 함께 위로받고 배우며 성장할 수 있어 감사해요."

내가 공감받고 있다는 기분, 마음이 통하고 있다는 느낌은 나를 편안하게 해준다. 유독 이 세상에서 니 혼자만 애써서 육아하는 기분이 들 때가 있다. 이럴 땐, 내 곁에 나를 이해해주는 이가 하나도 없는 것 같다. 남편도 온전하게 내 편이 아니다. 어떤 날은 남의 편이고, 오히려 남보다 더 못한 사이가 될 때도 있다.

나는 위로받고 싶고 누군가에게 칭찬도 듣고 싶다. 엄마가 되고 보니까 다른 사람에게 칭찬 들을 일이 별로 없다. 내가 나를 볼 때 칭찬은 고사하고, 오늘 하지 못한 일들만 머리에 수두룩하게 떠오른다. 내가 잘하지 못하는 것, 실수한 것만 눈에 들어온다.

"어른들은 춥고 배고픈 프랑스에 살고 있기 때문이다. 어른들은 따뜻한 위로가 필요하다."

생텍쥐페리가 쓴 《어린 왕자》 서문에 나온 글이다. 어쩜 이리도 절절하게 와닿는지. 나는 이제 어른이다. 하지만 여전히 따스한 위로와 공감을 받고 싶다. 이런 위로와 작은 칭찬의 말 한마디는 힘이 불끈 솟아오르게 할 만큼 강력하다.

내가 〈집안일 놀이〉 랜선 모임을 만든 이유도 그 때문이다. 육아하다 보면 힘들고 지칠 때가 많다. 나만 홀로 버티고 있다는 생각이 드는 순간이 있다. 나를 둘러싼 주변 환경을 보고 있으니 우울하다. 그럴 때 내 생각을 전환하면 행동을 바꿀 수 있다. 지겹고 하기 싫은 집안일도 아이와 놀이처럼 시작할 수 있다. 하나씩 해내면서 내 안에 힘이 생기고, 그러면서 또 하루를 이겨낼 수 있다.

내가 첫째 아이를 키울 때 지독하게 외로웠던 까닭이 있었다. 함께 육아하고 있는 동지가 없다고 느꼈기 때문이었다. 첫째 아이를 낳기 한 달 전에 광주로 이사 왔다. 새로운 도시에서 누구에게도 편히 말 붙일 수 없었다. 밤에 제대로 자지 않는 예민한 아이를 키우는 것만으로 에너지는 늘 바닥이었다. 뭔가 새롭게 시작할 힘이 없었다. 그저 복직할 때까지 어떻게든 버틸 뿐이었다.

4년 뒤 둘째 아이를 낳았다. 내 상황은 비슷했다. 편안하게 마음 나눌 수 있는 지인이 별로 없었다. 지독하게 외로웠다. 그런데도 함께할 사람을 찾을 생각을 하지 못했다. 두 아이를 집에 데리고 있으면서 에너지를 모조리 써버렸기 때문이었다. 지금 돌아보면 둘째 아이를 낳고 난 뒤의 8개월이 내 인생에서 가장 깊은 암흑기였다.

그랬던 내가 조금씩 바뀌었다. 새로운 도전을 시작했다. 바로 랜선 모임 덕분이었다. 이는 두 아이에게 매여있던 나에게 자유롭게 활동할 수 있는 무대가 되었다. 나 혼자가 아니라는 생각만으로도 힘이 났다. 누군가 함께 한다는 것이 이토록 재미있을 줄이야! 거기에서 나는 사람에게 배고팠던 마음을 채울 수 있었다.

랜선 모임 덕분에 꾸준하게 책을 읽고 서평을 썼다. 블로그에 1일 1포스팅 하는 습관도 만들면서 끝없이 반복했던 '작심삼일'을 뛰어넘게 되었다. 그리고 다른 이들이 만든 모임에 참여하다 보니까 나도 온라인 모임을 만들고 싶었다. 그래서 블로그에서 사람들을 무으

게 되었다. 첫 시작은 온라인 〈토지 필사 모임〉이었다.

《토지》는 방대한 글의 양과 수많은 등장인물이 나오는 책이다. 그래서 많은 이가 읽다가 포기한다. 나 혼자 했다면 1권을 다 읽기도 전에 때려치웠을 거다. 그러나 내가 모임을 만들었기 때문에 책임감을 느꼈고, 그래서 그만둘 수 없었다. 물론 무엇보다 《토지》는 내 생각보다 훨씬 재미있었다. 적응할수록 새벽에 필사하는 시간이 즐거웠다.

그 과정에서 내게 가장 필요한 것은 함께하는 벗임을 알게 되었다. 내 의지나 동기를 믿었을 때는 계속 실패했었다. 내 장점은 괜찮다는 생각이 들면 바로 실천하는 것이고, 무엇을 하든 처음에는 열심히 하겠다고 열정을 불태우는 것이다.

하지만 그렇게 시작했던 것 중에 끝을 본 게 별로 없었다. 그동안 다양하게 배우겠다고 돈을 썼지만, 중간에 포기해서 따지 못한 자격증만 수두룩할 뿐이다. 흔히 돈 내는 곳에 마음이 간다고 하지만 나의 습관 만들기는 돈으로 해결되지 않았다. 이전까지 돈 내고 안 간 헬스장, 학원, 인터넷 강의가 얼마나 많은지 돌아보면 알 수 있었다.

지금까지 내가 중도 포기했던 많은 것들의 공통점은 '나 홀로 두 주먹 불끈 쥐었다'는 것이었다. 처음에는 좋아서, 끌려서 시작했다. 그때마다 내 곁에는 함께하는 이가 없었다. 내 마음 깊은 곳에서는 나만 잘되면 좋겠다는 욕심도 크게 자리 잡고 있었다. 나 혼자만 성공하려고 했다. 남들보다 더 빠르게, 더 높이 올라가고 싶었다. 혼자만 잘살면 된다고 생각했다. 그러나 내 생각이 틀렸다는 것을 알았다. 그렇게 해서는 결코 멀리, 끝까지 갈 수 없었다. 나는 늘 초반에 포기하는 사람으로 살 따름이었다.

내가 좋은 습관으로 미라클 타임을 만들 수 있었던 것은 랜선 모임 덕분이다. 나와 함께 한 벗들이 있어서 작심삼일을 깰 수 있었다. 그 뒤 하나씩 도전했던 모임들도 마찬가지였다. 잘나서, 능력이 뛰어나서 지금의 내 모습이 된 게 아니다. 같이 꾸준하게 하다 보니 필요한 능력을 기를 수 있었다.

우울할 때 시작했던 작은 온라인 모임 덕분에 함께하는 힘이 생겼고, 그것이 지금의 나를 있게 했다. 랜선 모임을 하지 않았다면 어땠을까? 지금까지 해냈던 것들을 이룰 수 없었을 것이다.

"Keep Working on love."

(계속 사랑을 연마하게.)

《갈매기의 꿈》에서 조나단의 스승인 챙이 떠나기 전에 마지막으로 조나단에게 남긴 말이다. 조나단은 사랑을 실천하는 방법으로 다른 갈매기의 무리가 있는 곳으로 가는 것을 선택했다. 거기에서 조나단을 따르는 갈매기들에게 한계 없는 비행을 가르치며 사랑을 전했다. 랜선 모임도 마찬가지다. 내 의지만 믿는 것, 나 혼자서만 가는 건 오히려 더 빠르게 실패하고, 작심삼일로 무너지는 것을 반복하게 할 뿐이다.

그러나 같은 목표를 가진 이들과 함께할 때는 다르다. 내 한계를 깨뜨릴 수 있다. 나에게 맞게 하늘을 나는 힘을 기를 수 있다. 수많은 연습으로 진정한 비행을 깨달은 갈매기 조나단, 플레처처럼 말이다. 랜선 모임은 수없이 했던 작심삼일의 실패를 뛰어넘는다. 날마다 쌓이는 성공 경험으로 진정한 힘을 기를 수 있다. 충분한 양과 시간이 차게 되면 비로소 진정한 미라클 타임이 이루어진다. 나는 더 높이, 멀리 날아오를 수 있다.

2
나에게 맞는
온라인 모임 만드는 법

"자꾸 미루고 있는 게 있나요?"

"변호사 시험공부요. 셋째 임신을 했을 때, 시험을 안 본다고 좋아했어요. 하지만 시간이 지나고 보니까 지금도 공부를 미루고 있어요. 실패할까 봐 두려워요. 공부하면 저한테 좋은 건 아는 데요. 바쁘다는 이유로 안 하게 돼요."

나는 온라인 강의, 마지막 날에는 수업에 참여한 분들에게 미라클 타임을 만들기 위한 행동을 한 가지 정하게 한다. 하루 10분 동안 계속 실천할 것을 결정하도록 안내하기 위해서다. 위 대화는 내가 수업에 참여하신 분과 나눈 질문과 답이다. 이걸 꾸준히 하면 나에게 분명히 좋다는 걸 알고 있지만, 자꾸 미루게 되는 행동이 있다. 그건 사람마다 다르다.

미라클 타임에서 제일 중요한 것은 '나에게 맞는 목표 행동 설정'이다. 그것을 꾸준히 했을 때 나만의 결과를 만들어낼 수 있다. 꾸준히 행동한 시간은 미라클 타임으로 바뀐다. 그러기 위해서는 지금 나에게 필요한 것이 무엇인지 생각하고, 그에 맞는 목표 행동을 선정해야 한다. 이를 위해 나에 대한 이해는 필수다. 4장에서 언급된 미라클 타임을 위한 환경 설정을 떠올려보자. 그 중 첫 번째로 다루었던 주제가 '무엇을 할 것인지 정하라'였다. 그때 했던 나를 파악할 수 있는 질문이 다음 3가지였다.

1. 나는 어떤 사람이 되고 싶은가?
2. 나는 어떤 것을 하면 즐거운가? 행복한가?
3. 내가 자꾸만 미루고 있는 행동이 무엇인가?

당신은 이 질문에 어떤 대답을 했는가. 이제는 그 답을 실현하기 위해 온라인 모임을 만들어보자. 함께하는 힘으로 나만의 미라클 타임을 만들기 위해서다. 모임을 기획할 때는 크게 2가지로 나눠서 생각해볼 수 있다.

1. 좋은 습관을 만들고 싶다.

"그 누구의 눈치를 볼 필요 없다. 그저 굳게 결심하고 열정적으로 행동하라."

니체의 명언으로, 내가 온라인 모임을 만들기 전 가장 먼저 생각하는 부분이다. 나는 남을 위해서가 아니라, 내 습관을 만들기 위해 결정했다. 위 질문 중, 3번과 연결된다. 내가 가장 미루고 있는 행동을 어떤 습관으로 만들고 싶은지 생각한 후, 여기에서 나온 답으로 온라인 모임을 만들었다. 그러면 나처럼 비슷한 습관을 만들고 싶은 사람들이 모였다. 지금까지 내가 만든 온라인 모임은 대부분 내 습관을 만들기 위해서였다.

그렇게 모임을 만들면 나는 무조건 실천할 수밖에 없다. 모임 리더의 책임감으로 어떻게든 강제로 몸이 움직여진다. 그전에 미루느라고 하지 않았던 행동이었지만 모임으로 만들면 신기하게도 나에게 해내는 강한 힘이 나왔다. 그토록 안 되던 행동을 조금씩 하게 되고 습관이 되면 점점 더 쉬워졌다. 이런 경우, 모임에서 함께 이룰 목표를 아주 쉽고 낮게 잡았다. 그래야 내가 꾸준하게 실천할 수 있었기 때문이다.

2. 다른 사람에게 도움이 되고 싶다.

"공동체 이익과 연관이 없다면 남들을 생각하느라 네 여생을 허비하지 마라"

《명상록》에서 말하고 있다. 다른 사람에게 도움이 되도록 내가 잘하는 분야로 모임을 만들 수 있다. 이것은 2번 질문과 연결된다. 내가 잘하는 것은 하면서 재미있고 다른 사람에게도 도움을 줄 수 있어서 뿌듯하다. 우리는 누군가에게 의미 있다고 느낄 때 행복하다. 내가 잘하는 분야는 이제 시작하는 사람에게는 분명히 도움이 된다.

모임을 만들 때 두 가지 중 한 가지로 정한다. 이제는 다음과 같은 순서로 모임을 계획한다. 이때 마인드맵으로 그려서 하는 것도 괜찮다. 혹은 '알마인드'라는 프로그램을 써서 내 생각을 확장할 수 있다.

1. 모임 이름 정하기

당신은 모임의 이름을 무엇으로 부르고 싶은가? 이름에 우리 모임의 목표 행동이 들어가도록 짓는 것도 좋다. 내가 만든 경제신문 랜선 모임의 이름은 〈하루 7분, 경제신문 기사 제목 친해지기〉였다. 경제신문을 하루에 7분 보자는 의미다.

2. 목표 행동 정하기

이 모임에서 함께 이룰 목표 행동을 정한다. 목표는 쉽고 눈에 보이게 한다. 하루 5분, 10분처럼 시간을 목표 행동으로 세울 수 있다. 혹은 하루 1번, 2번 등 횟수로 정해도 된다. 5장 루틴 활용법에서 언급한 여러 가지 목표 행동을 참고해서 아이디어를 얻는 것도 좋다.

3. 모집 대상 정하기

모임에서 어떤 사람들과 함께하고 싶은가? 비슷한 관심사와 같은 목표를 가진 사람들이 모여 있으면 재미있다. 내가 《토지》 필사를 모집할 때는 《토지》를 읽고 싶은 사람들이 모였다. 《우리글 바로 쓰기》에서는 우리글을 공부하고 싶은 사람들이었다. 내 관심사에 따라 대상을 좁혀서 생각해보는 것도 괜찮다.

4. 운영 기간 정하기

모임을 얼마 동안 운영하면 좋을지 정한다. 나는 대부분 3주나 4주 단위로 하고 있다. 3주마다 새롭게 1일 차로 시작하는 것이다. 내가 모임을 이끌기 편안한 기간을 생각해보자. 나에게 가장 알맞은 일정에서 결정한다.

5. 성공 기준 정하기

어떤 행동에 도달했을 때 이번 모임을 성공한 것으로 볼지 결정한다. 나는 3주로 할 때 15회 인증, 4주로 할 때 20회 인증으로 정한다. 15일 차까지 인증하면 이번 도전을 성공한 것으로 본다. 주말은 보충하는 날로 안내한다. 내가 기분 좋게, 꾸준하게 할 수 있는 양을 정한다.

6. 보상 방법 정하기

이번 도전을 성공한 사람들에게 무엇을 보상으로 줄지 결정한다. 무료로 할지, 참가비를 받을지에 따라 다양한 방법을 생각해볼 수 있다.

가. 무료

보증금을 받는다. 정해진 기간이 끝나고 성공한 사람은 보증금을 돌려받는다. 실패할 때는 보증금이 없어진다. 또는 참여하는 사람들이 스스로 돈을 적립할 수 있다. 한 번 인증할 때마다 일정한 금액을 각자 모으는 것이다. 이렇게 만든 돈으로 자신에게 선물을 할 수 있다.

나. 참가비

참가비를 내서 다양한 형태로 보상해 줄 수 있다. 커피 쿠폰, 문화 상품권처럼 내가 정한 참가비에 맞게 해보자. 선물을 받는 사람들은 이번 도전을 해냈다는 성취감을 느낀다.

7. 인증 방법 정하기

사람들이 어디에서 인증하면 좋을지 생각한다. 오픈채팅방, 네이버 밴드, 온라인 카페를 활용할 수 있다. 인증하는 방법은 오늘 한 것을 사진 찍어서 올리기, 대화로 올리기, 글쓰기처럼 다양하게 정할 수 있다. 내가 운영하기 가장 편안한 형태를 생각해보자.

8. 신청 방법 정하기

내가 만든 온라인 과정을 어디에서 안내할지 정한다. 인터넷 카페, 인스타그램, 블로그에서 다양하게 모아볼 수 있다. 참여 신청을 받는 방법도 여러 가지다. 댓글, 인스타그램 DM, 혹은 네이버 폼이나 구글 폼으로 신청서를 받을 수 있다.

"특히 마음이 확신할 때 자신의 마음을 믿어라. 그다음에 마음에 귀를 기울여라. 왜냐하면 마음은 종종 가장 중요한 것을 예언하기 때문이다. 그것은 지혜의 경구다"

노자의 《도덕경》에서 나온 글이다. 갑자기 '이걸 해야겠어!'라는 생각이 스쳐 갈 때가 있다. 이때 그 생각을 붙잡아두어야 한다. 그렇지 않으면 내 마음에 떠오른 것이 금세 사라지기 때문이다. 그래서 나는 그런 아이디어가 떠올랐을 때 적는다. 이것을 혼자서 할지, 다른 사람과 같이할지도 정한다. 함께해서 일을 성취하는 게 더 낫다고 판단하면 온라인 모임으로 모은다.

우리에게는 갑자기 마음에 떠오르는 것이 있다. 스쳐 지나가는 생각이다. 당신은 이것을 어떻게 하고 싶은가? 나에게 맞는 형태로 만들고 싶은가. 그냥 흘려보내고 싶은가. 그 선택은 당신에게 있다. 당신이 결정하고 행동한 것들이 모여 미라클 타임이 된다. 온라인 모임은 당신의 미라클 타임을 만드는 데 큰 도움을 줄 것이다. 그러니 내 마음이 움직였다면 온라인 모임을 만들어보자. 답은 내 안에 있다.

3
온라인에서
사람을 모으는 글쓰기

'[날마다 읽고 써 봤니?] 1기를 모집합니다'

나는 블로그에 《토지》 필사 1기를 모으는 글을 발행했다. 글을 쓰면서 가슴이 쿵쾅거렸다. 글을 읽고 또 읽으며 수정했다. 발행 버튼을 누르면서 손이 덜덜 떨렸다. 발행하고 난 뒤에 다시 글을 읽어보았다. 미흡한 부분이 있어 글을 다시 고쳤다. '어떤 사람들과 같이하게 될까?' 두근거렸다. 한편으로는 《토지》를 필사하겠다고 사람들이 올까 걱정스럽기도 했다.

'뭐 어때. 한 명만 와도 되지. 그럼 할 수 있는걸.' 마음을 내려놓고 기다렸다. 글을 쓴 첫날 두 분이 신청한다는 댓글을 남겨 주셨다. 이 럴 수가! 믿기지 않았다. 같이 하겠다고 와주신 발걸음에 고마웠다. 그 뒤로 두 분이 더 신청했다. 처음 만나는 사람들과 필사를 하게 되 었다니. 나의 첫 필사 랜선 벗이 네 명 모였다. 엄청나게 기뻤다. 드 디어 나에게 새로운 친구가 생겼다.

그분들과 맺은 인연은 특별했다. 우리는 《토지》, 《혼불》, 《태백산 맥》을 쭉 같이 읽게 되었다. 누구도 단톡방을 나가지 않고 함께 했 다. 그중 한 분은 필사하던 중에 셋째 아이 임신을 했다. 입덧으로 힘들어할 때 같이 응원했다. 그분은 태교로 《토지》 필사를 한 셈이 었다. 그 뒤로 아이가 태어났다. 우리는 모두 축하해주었다. 아이를 낳고 산후조리로 필사를 쉬었다. 그래도 방을 나가지 않았고 몸을 회복하고 다시 필사를 이어갔다. 어느새 아이는 돌이 되었다. 한 아 이가 자라는 걸 가까이에서 지켜보는 기분이었다.

다른 한 분은 그림책 온라인 모임을 만들었다. 아이에게 하루에 한 권 그림책을 읽어주는 모임이었다. 필사 모임을 하다 보니까 자 기에게 맞는 것을 해보고 싶으셨다고 했다. 그 뒤로 그분은 홈트 모 임도 열었다. 나는 그분이 만든 홈트 온라인 모임을 신청해 몇 달 동 안 같이 운동했다.

2019년 6월에 내가 쓴 첫 책인 《하루 15분, 내 아이 행복한 홈스쿨링》이 세상에 나왔다. 그분들이 모두 한마음으로 축하해주셨다. 책을 샀다고 인증해주었다. 고마워서 눈물이 났다. 우리는 서로에게 좋은 일이 생기면 마음껏 축하했다. 이렇게 마음을 나누며 함께 할 수 있다는 게 놀라웠다. 같이 할 수 있어서 감사했다.

우리는 서로 다른 지역에 살고 있어서 한 번도 만난 적이 없었다. 그런데도 날마다 카톡으로 이야기하다 보니 실제로 만나는 느낌이 들었다. 내가 블로그에 《토지》 필사하는 사람들을 모으지 않았다면 이분들을 만날 수 있었을까? 그리고 이분들이 없었다면 지금까지 다양한 온라인 모임을 모을 수 있었을까? 내 인생의 전환점을 만들어준 고마운 분들이며 큰 은인이다.

"그렇다면 무엇을 추구할 것인가? 바로 하기로 마음먹은 것 그 자체이다. 그 점에서 너는 성공한 것이다. 또한 우리가 한번 하기로 마음먹은 것들이라면 이루어지게 마련이다."

《명상록》에 나온 글이다. 나는 《토지》 필사를 하겠다고 마음먹었다. 그것부터 성공이었다. 실행하기 위해서 온라인 모임을 만들었다. 사람을 모으는 글을 썼고, 실제로 사람들이 왔다. 하나씩 일을 이루었다.

《명상록》에서는 먼저 주변 사람들을 설득해보라고 한다. 내 정의의 원칙이 사람들을 설득하라고 시켰다면 사람들이 언짢아하더라도 실행에 옮기라는 것이다. 하다가 누군가 힘으로 나에게 대항하면 이 상황을 내 미덕을 행하는 데 이용하라고 말한다. 우리는 다른 사람을 설득할 때 무엇을 하는가? 말을 하거나 글을 쓸 수 있다. 사실 누군가를 말로 설득하는 건 어렵다. 말은 한번 내뱉으면 고칠 수 없기 때문이다. 그래서 말로 설득하려면 그 전에 준비를 많이 해야 한다.

오히려 글쓰기가 시작하기 더 쉽다. 우선 쓰면 된다. 글은 쓰면서 고칠 수 있고 보충할 수도 있다. 내 글쓰기가 부족할지라도 쓰고 고치다 보면 글이 더 괜찮아지고, 글쓰기 실력도 향상된다. 그렇다면 온라인에서 어떻게 글로 사람을 모을 수 있을까? 실행하는 방법은 다음과 같다.

1. 다양한 온라인 모임의 글을 벤치마킹하기

'벤치마킹'이란 기업에서 경쟁력을 높이는 방법이다. 다른 기업의 제품을 보고 분석한다. 단순하게 제품을 복제하는 것이 아니다. 장단점을 살펴서 자신의 물건을 업그레이드시키는 개념이다. 이처럼 온라인 모임 글쓰기도 벤치마킹할 수 있다. 아무것도 없는 상태에서 새롭게 만드는 건 어렵지만 이미 있는 것을 활용해서 나에게 맞게 바꾸는 건 더 쉽다.

요즘에는 블로그에 온라인 모임을 모으는 글이 많이 있으니 검색해서 참고해보자. 내 블로그 〈행꿈배움터〉에도 그동안 온라인 모임을 모았던 글이 여러 개 있다. 3~5개 정도 글을 읽어보면 대략 흐름이 눈에 보일 것이다. 나에게 맞는 온라인 모임 모집 글을 어떻게 쓰면 좋을지 그림을 그려볼 수 있다.

2. 온라인 모임 글을 올릴 곳 정하기

어떤 SNS에 글을 올릴지 결정한다. 네이버 블로그, 인스타그램, 인터넷 카페를 활용할 수 있다. 내가 편안하게 글을 올릴 수 있는 곳으로 정한다. 이때, 어느 한 곳으로만 정하지 않고 3곳을 다 활용해도 된다.

3. 온라인 모임 글 제목 정하기

이 온라인 모임에서 무슨 활동을 할 것인지 제목에 드러나면 더 좋다. 그래야 사람들이 제목을 보고 예측할 수 있다. 나만 알아들을 수 있는 단어를 쓰면 다른 사람이 이해하기 어려우니 내가 목표 행동으로 정한 주요 단어가 제목이 드러나도록 지어보자.

4. 모임을 만들게 된 이유 설명하기

글의 첫 부분에는 내가 왜 모임을 만들게 되었는지를 밝힌다.

5. 모임에서 할 일 안내하기

모임에서 함께 할 목표 행동을 알려준다. 이 모임에 오면 무엇을 하는지 알 수 있도록 설명한다.

6. 모임 신청 방법 안내하기

모임을 신청할 때 필요한 정보를 안내한다. 여기에는 2장에서 다룬 '나에게 맞는 온라인 모임'에서 생각했던 내용을 정리해서 올린다.

가. 모집 기간

언제까지 이 모임을 모집하는지 알려준다.

나. 운영 기간

모임을 얼마 동안 운영하는지 설명한다. 언제 시작해서 언제 끝나는지 날짜와 요일로 쓴다.

다. 모임 참여 방법

어디에서 모임을 하는지 밝혀준다. 오픈채팅방, 인터넷 카페, 네이버 밴드 중 내가 고른 곳을 안내한다.

라. 신청 방법

어떻게 신청할 수 있는지 보여준다. 먼저 댓글을 남기게 하거나 링크를 연결해서 네이버 폼이나 구글 폼을 제출하도록 할 수 있다. 다양한 방법을 활용해보고 내가 확인하기 가장 편하고 쉬운 것을 선택하면 된다.

마. 모집 대상

어떤 사람들이 함께하면 좋을지 안내한다.

"너에게 어떤 일이 어렵다고 해서 인간에게 불가능한 일이라고 여길 것이 아니라, 그것이 인간에게 가능하고 인간의 본성에 맞는 일이라면 너도 틀림없이 해낼 수 있다고 생각하라."

《명상록》에서 말하고 있다. 어떤 온라인 모임을 만들지 결정했는가? 이제는 온라인에서 사람을 모으도록 글을 쓰자. 글을 써야 모임이 만들어진다. 생각이 아닌 실천이 답이다. 하지만 글을 쓰려고 하면 막막한가? 처음으로 온라인 모임을 모으는 글을 쓰게 되면 무슨 말을 해야 할지 잘 모르겠고 떨린다. 누구든 비슷한 마음을 안고 시작한다. 처음부터 잘하는 사람은 없다. 다만, 계속 업그레이드하면 된다.

글쓰기가 막막하면 다른 사람의 글을 보고 벤치마킹부터 시작하자. 다양한 글을 읽고 나에게 맞게 바꾸면 된다. 내가 만든 모임에 한 명이라도 오면 좋다. 한 명이면 어떤가. 모임을 시작하기에 충분하다. 그것만으로도 우리는 이미 도전에 성공한 것이다. 내 머릿속 그림을 실제로 눈에 보이게 만들어 낸 놀라운 능력이다. 나도 할 수 있는 사람이 된 것이다. 당신에게는 충분히 해낼 수 있는 능력이 있다. 내 안에 있는 힘을 믿어보자. 누군가 했던 일이라면 나도 할 수 있다. 분명히 할 수 있다.

4

온라인 모임 운영이
이렇게 쉬울 줄이야

온라인 모임을 준비하며 많은 것을 새롭게 경험하게 되었다. 우리 집에는 장비들이 점점 늘어났다. 처음에는 마이크와 웹캠을 샀다. 목소리 녹음과 얼굴이 나오는 영상을 찍기 위해서였다. 간단하게 조작할 수 있는 조명도 샀다. 얼굴이 나오게 찍다 보니까 조명이 있는 것과 없는 것은 달랐다. 조명이 있으면 더 예뻐 보였다. 나를 위한 투자라 생각하며 기분 좋게 샀다. 그때 마련했던 것들은 줌에서 온라인 강의할 때 아주 유용하게 활용했다. '미리 안 샀으면 어쩔 뻔했을까?' 싶을 정도였다.

나는 온라인 모임을 준비하면서 유튜브 또한 개설하게 되었다. 모임 안내 영상을 오픈채팅방에 동영상으로 올리는 것보다 유튜브 링크로 보내는 게 더 편했다. 링크만 누르면 바로 영상을 볼 수 있기 때문이었다. 모임을 운영하니 줌이란 프로그램도 활용하게 되었다.

생각지도 않게 온라인 강의까지 할 수 있도록 미리 준비한 셈이었다. 코로나19로 내가 줌에서 강의하게 될 줄 몰랐다. 이런 것을 예상하고 시작한 온라인 모임이 아니었다. 단지 모임을 하면서 갖추게 된 능력인 것이다. 돌아보면 온라인 모임이 나를 엄청나게 성장하게 했다. 그래서 늘 랜선 벗들에게 고마웠다. 그분들이 지금의 나를 만들어주었기 때문이었다.

내가 온라인 모임을 운영할 때 가장 중요하게 생각하는 것은 바로 준비 기간이다. 이때 모임에 적응할 수 있도록 돕는다. 그래서 모임을 본격 시작하기 전에 5일 동안 준비 기간부터 갖는다. 또는 모임을 시작하고 2~3일 동안에 준비 기간처럼 보낸다.

모임에 온 분들이 처음에는 이상하게 여긴다. 바로 시작하면 되지 준비 기간까지 가질 필요가 있나 싶어서다. 하지만 이 기간에 그분들이 잘 적응하면 앞날이 수월하다. 그다음부터는 모임이 편안하게 돌아가기 때문에 내가 제일 공들이는 시간이다. 준비 기간에 내가 하는 것들은 다음과 같다.

1. 자기 소개하기

이 모임에 어떤 마음으로 참여하고 싶은지 나눈다. 이때, 사는 곳이나 나이를 공유하지 않는다. 그저 내 마음이 어떤지를 써보면서 생각을 정리하도록 한다.

2. 모임 안내하기

우리 모임의 목표 행동과 모임의 규칙은 무엇인지, 앞으로 어떻게 인증해야 하는지를 안내한다. 안내하는 방법은 2가지다. 글로 안내하거나, 영상을 찍어 설명하는 것이다. 어떤 것이든 지금 할 수 있는 것으로 정하면 된다. 참고로 나는 영상을 찍어서 안내하고 있다. 글보다는 영상으로 의미가 더 잘 전달되기 때문이다.

3. 실행할 장소와 시간 정하기

앞으로 어디에서 할지, 언제 할지를 정한다. 그것을 목표 문장에 넣을 수 있도록 연결한다.

4. 목표 문장 선언하기

영상에서 목표 문장을 만드는 방법을 설명한다. 이것을 자신에게 맞게 바꿔서 올리도록 한다. 대체 시간도 꼭 정하도록 안내한다.

5. 준비물 인증하기

준비물을 사진으로 올리도록 한다. 1일 차에 준비해서 바로 시작하지 않는다. 1일 차부터는 이미 준비물을 갖춘 상태로, 무조건 실행할 수 있어야 한다. 그러기 위해서는 미리 내 몸과 마음, 그리고 내 주변 환경까지 확실하게 준비한다. 내가 실천할 공간에서 준비물을 놓고 사진을 찍어 올리기도 한다. 다 준비해서 사진을 찍으면 더 빨리 시작하고 싶은 마음이 생긴다.

6. 워밍업하기

시간이 정해진 온라인 모임의 경우에는 타이머를 맞추고 딱 그 시간만 해보도록 한다. 처음 습관을 만들 때 정해진 시간 안에서 내 수준이 어느 정도인지 파악하도록 한다. 정확하게 인지하고 시작할 수 있도록 돕는다.

이제 1일 차부터 시작한다. 처음 3일이 중요하기 때문에 이 기간에 마음을 많이 쓴다. 작심삼일의 3일 차를 넘기면 그다음부터는 인증을 잘할 수 있다. 이때 습관으로 자리 잡히면 그다음부터는 모임이 물 흐르듯이 흘러간다. 리더로서 해야 할 일은 참여하시는 분들의 습관이 초반에 잘 정착될 수 있도록 돕는 것이다. 다음은 온라인 모임에서 인증할 때 올리는 내용이다.

1. 사진 인증

필사나 신문 보는 모임에서 주로 활용하고 있다. 오늘 내가 한 내용을 찍어서 올린다. 필사 모임에서는 오늘 필사한 부분을 찍어서 올린다. 신문 모임에서는 오늘 내가 쓴 신문 제목을 올린다.

2. 대화 인증

오늘은 며칠 차인지 올린다. 예를 들면 '지에스더 1일 차, 2일 차'로 한다. 내가 운영하는 모임은 대체로 15일이나 20일을 인증하면 성공이다. 날짜를 확인하기 쉽게 해놓는다.

경제신문 모임에서는 오늘 뽑은 기사 제목을 대화에 올리게 한다. 카톡을 보면 다른 사람들은 어떤 제목을 뽑았는지 눈에 들어온다. 그러면 사람들이 비슷하게 뽑은 기사 제목은 반복해서 보는 효과까지 생긴다.

《토지》 필사처럼 책을 필사하는 모임에서는 몇 권, 어디를 읽었는지 남기게 한다. 사람들이 어느 정도 진도를 나갔는지 파악할 수 있다.

《우리글 바로 쓰기》는 오늘 내가 기억할 표현 한 개를 올린다. 내가 올리면서 복습하는 셈이다. 나아가 다른 사람들의 대화를 읽으면서 복습이나 예습하는 효과도 얻을 수 있다.

3. 칭찬과 응원하는 메시지 남기기

내 것을 인증하기 전에 바로 앞에 인증한 사람에게 응원과 칭찬 메시지를 남긴다. 내가 다른 사람을 칭찬하다 보면 기분이 좋아지고, 다른 사람에게 응원 메시지를 받아도 힘이 난다. 랜선 모임을 하는 것은 함께 하고 있다는 마음이 들어서다. 그러면서 좋은 습관을 만든다는 중요한 목표가 있다. 함께 하는 힘이 그것을 잘 이루도록 도와준다. 내가 어딘가에 소속되어 있다는 느낌이 실행률을 더 높일 수 있다.

소셜네트워크가 사람의 정서에 어떤 영향을 미치는지 조사한 연구가 있다. 하버드대학 교수 니컬러스 크리스태키스와 캘리포니아 대학 교수 제임스 파울러가 연구했다. 연구 결과는 《행복은 전염된다》는 책에 나와 있다. 이 연구는 1971년부터 2003년까지 총 1만 2,067명을 대상으로 진행되었다. 여기에서 소셜네트워크의 전염성을 '3단계 영향 법칙'이라고 부른다. 1단계는 내 친구고, 2단계는 그 친구의 친구다. 3단계는 친구의 친구의 친구다. 연구 결과 1단계인 내 친구가 행복할 경우 내가 행복하다고 느낄 확률이 15% 상승했다. 2단계에서는 10% 상승했다. 내 친구의 행복이나 주변 사람의 행복이 나에게 영향을 미친다는 결과였다.

이것은 단톡방에서도 마찬가지다. 내가 다른 사람을 칭찬하면 그 사람 기분이 좋아진다. 그 사람이 행복하면 그게 나에게로 돌아와, 서로 좋은 기분을 느낄 수 있다. 어떤 말을 나누는지에 따라 단톡방의 분위기가 바뀐다. 나는 랜선 모임에서 그 부분이 제일 중요하다고 생각했다.

그래서 단순하게 인증하는 것에서 한 발 앞으로 나아가 칭찬, 응원, 감사의 말을 하도록 바꾸었다. 결과는 놀라웠다. 단톡방은 전보다 훈훈하고 따뜻한 분위기가 되었다.

"바쁜 일은 한가할 때 미리 점검해두면 실수가 줄어든다. 행동할 때의 생각은 미리 행동하기 전부터 확고히 붙잡고 지키면 그릇된 마음이 절로 멎는다."

《채근담》에서 말한다. 온라인 모임을 운영하는 것도 마찬가지다. 먼저 모임을 계획하고 하나씩 준비하면서 무엇이 필요한지 확인한다. 내가 어떤 행동을 해야 하는지 그림을 그린다. 그러면 알맞은 방향으로 온라인 모임을 만들 수 있다. 그리고 내가 편안하게 모임을 이끌 방법을 계속 찾는다.

내가 제시한 것은 참고 사항일 뿐이다. 활용해서 나만의 모임을 새롭게 만들어보자. 부족한 부분은 해보면서 발전시키면 된다. 처음부터 완벽하게 잘 돌아가는 모임은 없다. 운영 방법을 점점 업그레이드시키는 것뿐이다. 경험은 가장 좋은 배움터다. 이제는 미리 생각하고, 무엇이 필요한지 점검하자. 그리고 실제로 모임을 해보면서 찾아보면 내가 더 쉽고 편안하게 할 수 있는 길을 발견할 수 있을 것이다. 앞으로 당신이 만들 온라인 모임을 온 마음 담아서 응원한다. 당신은 충분히 해낼 수 있다. 당신 안에는 창조할 수 있는 능력이 분명히 있다.

5
오늘도 다짐만
하고 있다면

"제가 생각지도 않게 모임의 리더가 되었어요. 지인과 경제신문을 같이 보기로 했어요."

"저는 경제 관련 도서를 보는 모임을 만들었어요. 앞으로 꾸준하게 해나갈게요."

〈하루 7분 경제신문 기사 제목 친해지기〉 모임은 3주마다 새롭게 시작했다. 그때 다음 3주를 연장할지, 그만둘지 결정했다. 그만 참여하겠다는 분 중에서 자기에게 맞는 모임을 만든 분들도 있다.

모임을 가지면서 자기만의 방향을 잡은 것이다. 나는 그분들의 결정을 들을 때마다 굉장히 기뻤다.

처음에는 누군가 만든 모임에 참여하는 것만으로도 괜찮았지만 시간이 갈수록 그 마음은 바뀐다. 내게 맞는 모임을 새롭게 만들어 보고 싶다는 소망이 생기게 된다. 그 변화는 지극히 당연하다. 나도 그랬기 때문이었다. 나는 그분들의 새로운 도전을 온 맘으로 응원했다.

어떤 분은 아예 새로운 모임을 만들었다. 그들은 내가 운영하는 온라인 모임에도 계속 참여하면서 자신이 해보고 싶었던 다른 활동으로 모임을 새로 만들었다. 종류도 다양했다. 아이에게 그림책 읽어주기, 영어 공부하기, 그림 그리기 모임 등 어느 것도 같지 않았다. 모두 다르게 만들었다.

그들이 모임을 모집하는 글을 읽을 때도 참으로 기뻤다. '랜선 모임을 만들길 잘했구나'하고 그동안 한 일이 의미 있게 다가왔다. 자기만의 길을 발견하고 한 걸음씩 걷는 것만큼 가슴 설레는 소식이 또 있을까. 어떤 형태든 괜찮았다. 나는 나만의 새로운 분야로 모임을 만들겠다는 용기 있는 행동에 응원을 담아 박수를 보냈다.

"경제신문 모임에 참여하고 제가 바뀌었어요. 저는 여태껏 온라인 모임을 해본 적이 없었거든요. 모집 글을 보고 고민했어요. 괜찮을까? 믿을 만한 걸까? 어렵게 결정했어요. 그런데 모임에 참여하면서 마음이 놓였어요. 그 뒤로 다른 온라인 모임도 참여하게 되었어요. 다른 새로운 습관을 만들고 있어요."

이분은 나와 함께한 랜선 모임이 첫 시작이었다. 처음으로 참여하면서 느낀 두려움에 깊게 공감했다. 충분히 걱정할 수 있었다. 누군지도 모르는 사람을 뭘 보고 믿을 수 있을까. 더구나 오프라인도 아닌 온라인이었다. 그 사람의 얼굴을 실제로 본 적도 없으면서 어떤 줄 알고 덜컥 신청할 수 있을까. 고민하는 게 당연한 거였다.

이처럼 나와 랜선 모임을 함께 하신 분들이 저마다 다른 선택을 하고 있다. 정답은 오직 그 사람에게 있다. 자기에게 끌리는 대로 만들면 된다. 무엇을 하든 나답게, 나에게 맞는 것으로 하는 게 제일 바람직하다고 생각한다.

이전까지는 온라인 모임을 만들고 운영하는 방법을 이야기했다. 글을 읽으면서 나도 만들어보고 싶다는 마음이 들거나 또는 모임을 한 번도 해본 적 없어서 무엇부터 시작하면 좋을지 도저히 모르겠다는 분도 있을 것이다. 이번에는 이런 분들에게 조금 더 쉽게 행동하는 단계를 알려드리고자 한다. 오늘도 다짐만 하는 분들이 결정하는 데 도움이 될 것이다. 읽고 나에게 맞게 선택해보자.

1. 습관으로 만들고 싶은 행동 3가지를 고른다

　당신이 앞으로 만들고 싶은 습관은 무엇인가? 종이에 최대한 많이 써본다. 이때 자신에게 어떤 판단이나 비판을 내리지 않는다. 내가 쓴 습관들을 살펴보고 그중에서 가장 만들고 싶은 습관 세 개를 고른다.

2. 내가 고른 습관과 관련된 모임을 검색한다

　내가 고른 〈습관 만들기〉를 이미 진행하는 모임을 찾아본다. 인터넷 카페, 블로그, 인스타그램에 있는 글을 검색한다. 또는 함께 습관 만들기 프로그램을 운영하는 곳도 알아본다.

3. 하나를 선택한다

　내가 찾은 모임들을 종이에 쓰고, 그중에 하나만 고른다. 처음에는 한 개에만 집중하는 게 낫다. 내가 찾은 모임이 너무 많아 선택하는 게 어려울 때는 타이머를 맞추고 5분 안에 결정한다. 밖에 나가 산책하면서 결정하는 것도 괜찮다.

4. 작은 성공을 경험한다

모임에 참여하면서 내가 성공하는 경험을 쌓는다. 함께했던 모임이 나에게 잘 맞았는지 파악하고 내가 하기에 어땠는지 느낌을 관찰한다. 모임의 운영 방식을 기록한다.

5. 다른 모임에 참여한다 (2개 이상)

처음에 참여한 모임 외에 다른 형태의 모임에도 가본다. 내가 전에 뽑았던 습관 중 남아있는 습관 2개를 다른 곳에서 연습해본다. 이때도 내가 할 때 어땠는지 관찰하고 이를 기록한다.

6. 벤치마킹한다

그동안 참여했던 모임 2~3개를 살펴본다. 나에게 어떤 부분이 잘 맞는지, 어떻게 모임을 운영하는 게 좋았는지 기록한 것들을 본다. 모임들의 장점을 써보고 어떤 점을 내가 적용하면 좋은지 표시한다. 단점도 써보고 그 부분을 어떻게 바꾸면 더 나을지 적는다. 그렇게 분석한 것으로 나만의 벤치마킹 결과를 낸다.

7. 모임을 시작한다

벤치마킹한 결과를 바탕으로 나에게 맞는 온라인 모임 하나를 만든다.

내가 다양한 온라인 모임을 만들 수 있었던 이유는 하나였다. 다른 사람이 만들었던 모임에 먼저 참여했기 때문이었다. 온라인 독서 모임, 영어 TED 1개 외우는 모임, 블로그 배우는 모임, 블로그 글쓰기 습관 만드는 모임에 참가했다.

하면서 어떤 점이 좋았는지 기록했고 보완하면 좋을 점도 적었다. 그것들을 바탕으로 새로운 나만의 모임을 만들 수 있었다. 만약 내가 활동한 경험이 없었다면 만들 생각조차 하지 못했을 것이었다. 참가해봤기 때문에 할 수 있었다.

이 책에 나온 설명만으로는 막막할 수 있다. 이때 가장 좋은 방법은 어떤 모임에 들어가서 따라 해보는 것이다. 무엇이든 습관을 기를 수 있다면 나에게 유익하다. 그리고 앞으로 내가 만들 모임의 아이디어까지 얻을 수 있으니 일석이조다. 어디서든 배우겠다는 자세로 시작해보자. 내가 생각했던 것보다 훨씬 많은 것을 얻을 수 있다.

"어려운 일을 도모하는 자는 쉬운 데에서 [착수]하고, 큰일을 하는 자는 그 작은 일에서 [시작]한다. 천하의 어려운 일은 반드시 쉬운 데에서 일어나고, 천하의 큰일은 반드시 세세한 일에서 일어난다."

노자의 《도덕경》에 나오는 말이다. 나에게 맞는 온라인 모임을 만드는 게 큰일로 보일 수 있다. 이때는 쉬운 데에서 시작하자. 고민만 하다가 시간만 보내고 아무것도 안 하는 것보다 낫다. 우선 몇 가지 모임에 참여해보자. 하면서 좋은 습관을 기를 수 있고 날마다 작은 성공 경험도 쌓인다. 이미 만들어진 것에서 좋은 부분을 배우다 보면 어느 순간 이런 마음이 드는 날이 올 것이다. '나도 온라인 모임을 운영해볼까?'

"마찬가지로 어떤 선수가 경기에서 우승하기 위해 오랫동안 훈련을 하고 몸을 만들어 왔는데, 막상 경기가 열렸을 때 참가하기를 거절한다면 본인도 자신을 바보라 생각할 것입니다."

《키로파에디아》에서 키루스가 전쟁을 앞두고 장군들의 사기를 북돋아 주기 위해서 한 말이다. '나도 만들 수 있겠는걸?' 하는 마음이 들면 지체하지 말고, 바로 모임을 만들자. 경기에 나가는 선수처럼 행동하자. 진짜 실력은 실전에서 빛이 난다.

나에게 모임을 만들 수 있는 아이디어가 채워졌다면 즉시 실행하자. 내가 만든 온라인 모임으로 나만의 미라클 타임을 만들 수 있다. 그동안 다짐만 반복했는가? 괜찮다. 그건 과거일 뿐이다. 이제는 결정하자. 경기장에 가서 실전으로 실력을 쌓으면 된다. 이건 진짜 내 실력이다. 당신은 분명히 이 모든 것을 할 수 있다.

7장 새벽 4시, 나는 오늘도 책상으로 출근한다

1
코로나가 열어준
새로운 기회

"저희 매거진에서 매달 학부모와 청소년들에게 도움이 될 만한 인물을 인터뷰하는 '만나고픈 사람' 코너를 진행하고 있습니다. 5월호를 기획하며 지에스더 작가님의 《엄마표 책 육아》라는 책을 발견하게 되었습니다. 책의 취지와 콘텐츠가 저희 앤써 독자들에게 유익할 것으로 판단했습니다. 작가님과의 인터뷰를 요청합니다."

나는 2020년 4월에 《앤써》교육 잡지에서 인터뷰하게 되었다. 여기에서는 특별하게 단독으로 스튜디오 촬영을 한다고 했다. 스튜디오 촬영이라고? 떨렸다. 스튜디오에서 어떻게 사진을 찍게 될지 두근거렸다.

　스튜디오 일정에 맞춰 서울에 갔다. 감사하게 친정 부모님이 아이 둘을 돌봐주셨다. 두 아이가 곁에 없는 자유의 몸이 되자 너무 신났다. 사진 촬영하는 내내 얼굴에서 웃음이 절로 나왔다. 하나도 힘들지 않았다. 혼자라는 생각만으로 모든 것이 즐거웠다. 계획했던 것보다 촬영도 빨리 끝났다. 인터뷰도 마찬가지였다. 인터뷰와 스튜디오 촬영을 동시에 해보는 경험은 처음이었다. 상상해보지 못했던 일들이 내 인생에서 하나씩 일어나고 있었다.

　"책 육아와 홈스쿨링으로 자녀분들을 양육 중이시고, 그 분야의 멘토로 활동하고 계신 작가님의 고견을 들을 수 있다면 더 효과적인 제품을 만드는 데 큰 도움이 될 거라 생각합니다. 코로나로 품평은 일룸 서울 본사에서 소규모로 진행될 예정입니다. 방문해주셔서 실무자들과 신제품에 대한 의견 그리고 책 육아와 자기주도 학습에 대한 팁들을 편안하게 나눠주신다면 감사하겠습니다."

　2020년 5월에 메일 한 통을 받았다. 일룸 가구회사 본사에서 키즈 가구 담당자가 보낸 것이었다. 앞으로 일룸에서 출시할 신제품 품평을 요청하는 내용이었다. 일룸이라니! 남편의 서재를 만들 때 일룸에서 책상과 의자를 샀기에 알고 있는 이름이었다. 나에게 이런 메일이 올 줄이야. 이 메일을 받았을 때가 《엄마표 책 육아》 책이 세상에 나온 지 얼마 되지 않은 때였다. 나를 책 육아와 자기주도 학습

팁을 이야기할 수 있는 사람으로 봐주신 것이었다. 그것만으로도 감사했다.

일룸 본사에 가려고 SRT를 처음 타봤다. 서울에 가면서 새로운 경험을 하나 더 해보게 되었다. 본사에서 앞으로 출시될 제품을 하나하나 살펴보는 것도 재미있었다. 그중에는 내가 갖고 싶은 가구들도 있었다. 약속했던 2시간이 금방 갔다. 우리나라에서 손꼽히고 있는 가구회사의 품평회를 참여할 줄이야. 내 인생은 새로운 일들로 풍요로워지고 있었다.

"작가님, 코로나가 심해져서 강연회를 하지 못하게 되었어요."

출판사에서 전화를 받았다. 《엄마표 책 육아》 출간 기념으로 할 강연회를 준비하고 있었다. 출판사에서 대규모로 작가 강연회를 열 것이라는 연락을 받고 가슴이 쿵쾅쿵쾅 심하게 뛰었다. 쉽게 진정되지 않았다.

'강연회라고? 사람들은 얼마나 올까? 무슨 옷을 입어야 하지? 마땅하게 입을 옷이 없는데. 옷부터 사야겠구나. 가서 무슨 말을 하지?' 생각이 꼬리에 꼬리를 물고 이어졌다. 한동안 몸이 붕 뜬 기분으로 지냈다. 떨리는 마음을 가라앉히고 강연회를 열심히 준비했다. 사람들 앞에 서서 말하는 모습을 시뮬레이션했다. 언제 날짜가 잡힐지 기다리며 설레었다.

하지만 그토록 준비하고 기다렸던 강연회가 취소되었다. 이럴 수가! 코로나19가 너무 심하게 퍼지고 있어서 도저히 진행할 수 없었다. 그뿐만 아니라 자유롭게 밖에 나갈 수도 없었다. 2년 동안 홈스쿨링을 했던 첫째 아이는 2020년 3월에 유치원에 입학할 예정이었지만, 그것도 기약 없이 미루어졌다. 6월이 되어서야 아이는 처음으로 유치원에 갈 수 있었다. 내가 해보고 싶은 강연을 못 하게 만든 코로나19가 얄미웠다. 코로나가 이렇게 퍼지는 한 강연 기회는 없겠다고 생각하며 그 뒤로 마음을 내려놓고 지냈다.

"제가 전에 근무했던 직장에서 간사님이 언니를 만나고 싶대요. 언니 책으로 부모교육을 하면 좋겠대요. 어떠세요?"

어느 날 지인이 《하루 15분, 내 아이 행복한 홈스쿨링》과 《엄마표 책 육아》 책을 자신의 인스타에 올렸더니 그가 전에 다니던 직장에서 연락이 왔단다. 거기에서 기획하고 있는 부모교육에 나를 지목했다는 것이다.

신기했다. 얼마 전에 출판사 강연회를 위해 준비했던 것을 드디어 꺼낼 수 있게 되었다. 만들어 놓은 파일을 쓸 일이 없을 줄 알았는데 다른 길이 열린 거다. 나는 그곳에서 3가지 주제인 〈엄마표 책 육아〉, 〈그림책과 함께하는 집안일 놀이〉, 〈토닥토닥, 엄마 육아〉로 강의할 수 있었다. 강의 형태를 정할 때 내 의견을 전부 수용해주었다. 그래서 강의와 오픈채팅방에서 실천하는 조합에 도전할 수 있었다.

처음에는 오프라인 형태로 강의했지만, 코로나19가 심해져서 온라인으로 변경하게 되었다. 이때 다루었던 내용이 다른 기관의 온라인 강의와 연결되었다. 어느새 나는 줌 온라인에서 〈책 육아〉, 〈집안일 놀이〉, 〈엄마 육아〉 주제로 강의하게 되었다. 작가 강연회가 취소되었을 때는 상상도 하지 못했던 일이었다. 하나의 문이 닫히면 새로운 문이 열린다고 했다. 내 삶에 일어나는 일들이 그랬다.

2020년 하반기에도 코로나19의 기세는 꺾이지 않았다. 도저히 멈출 기미가 보이지 않았다. 오히려 더 퍼졌다. 그 영향으로 많은 기관에서 오프라인 강의를 온라인으로 전환했다. 코로나19로 인해 원격 근무는 물론 온라인 강의까지 활성화되었다. 줌 강의는 나에게 날개를 달아주었다. 몸은 광주에 있었지만, 지역의 제약 없이 활동할 수 있었다.

그때 둘째 아이는 어린이집을 다니기 전이었다. 아이는 엄마가 강의하는 것을 두어 번 경험한 뒤로 내가 강의할 때는 엄마를 찾지 않았다. 그래서 나는 둘째 아이와 집에 있으면서도 강의를 할 수 있었다. 그전에는 아이가 같이 있으면 내가 자유롭게 활동하지 못한다고 생각했는데, 코로나19는 내 고정관념을 통째로 바꾸어 놓았다. 활동의 제약이 없어져 집에서 아이를 돌보면서 내가 상상했던 것보다 더 많은 일을 할 수 있게 되었다. 아이도 엄마의 모습을 보고 새롭게 배우는 것들이 늘어났다.

'길어진 집콕에 책 육아 인기… 우리 집도 해볼까.'

2021년 2월 10일 자 조선에듀에 내가 했던 책 육아 인터뷰가 나왔다. 이 기사에서 코로나로 인기가 높아진 책 육아를 다루었다. 나외에 다른 가정의 책 육아 스토리도 담겨 있었다.

"엄마가 원하는 책이 아니에요. 아이가 좋아하는 주제가 있는 책, 읽어달라고 하는 책을 읽어주세요. 책이 아무렇게나 널려있어야 놀다가 한 번씩 들춰봐요."

나는 책 육아에서 가장 중요한 부분을 말했다. 기사에는 첫째 아이가 필사하는 사진도 실렸다. 그것을 보다가 울컥했다. 훌쩍 자란 아이의 모습에서 그동안 내가 애쓰며 보낸 시간을 고스란히 느꼈기 때문이다.

'아이는 도대체 언제쯤 크는 걸까. 시간은 왜 이렇게 안 가는 걸까.' 한숨이 바닥까지 내려왔던 날들이 있었다. 캄캄한 터널 속에 있는 것 같다고 느꼈던 시간을 보냈다. 우울해서 지하 땅굴을 계속 파던 때도 있었다. 그때의 내 모습을 떠올리니 짠하고 애잔했다. 그랬던 시간을 지나 지금의 내가 여기 있다. 그 시기를 이겨내며 하나씩 걸어갔던 발자취를 돌아보니, 스스로 대견하다는 마음이 들었다.

이제는 내 인생에서 일어나는 일을 자연스럽게 받아들이고 있다. 가장 맞는 때에 제일 좋은 방법으로 다양한 일들이 내 인생에 펼쳐진다고 믿는다. 나는 그저 일어나는 일을 기쁜 마음으로 맞이하면 된다. 어떤 사건이든 나에게 배움이 된다. 진짜 성장을 할 수 있다.

"기쁠 때, 그대 가슴 깊이 들여다보라. 그러면 알게 되리라. 그대에게 슬픔을 주었던 바로 그것이 그대에게 기쁨을 주고 있음을."

《예언자》에 나온 시 한 부분이다. 여기에서는 기쁨과 슬픔이 함께 있다고 말한다. 내가 힘들다고 했던 일이 시간이 지나고 보면 기쁨이 되었다. 코로나19가 처음에 퍼졌을 때 모든 기회가 다 막히는 줄 알았다. 그런데 아니었다. 상상하지 못했던 새로운 문이 열렸다.

내가 무엇에 눈을 돌리는지에 따라 바뀐다. 같은 일이라도 다르게 볼 수 있다. 인생에서 문제라고 여겼던 것은 내 잘못된 해석에서 비롯되는 게 많다. 외부에서 일어나는 환경은 통제할 수 없었고, 일어나는 일은 어떻게든 일어났다. 이제 내가 어찌할 수 없는 문제는 있는 그대로 받아들인다. 그리고 내가 선택할 수 있는 사랑, 감사, 배움으로 내 인생을 채운다. 그러면 된다. 충분하다.

2
내가 도서관
인기 강사가 될 줄이야

"지금 진행하시는 강의를 도서관에서 해주실 수 있나요? 코로나로 힘들어하시는 어머니들에게 아주 유익한 강의로 보여서 요청합니다."

2020년 9월, 울산에 있는 도서관으로부터 전화가 왔다. 이전에 광주 국제교류센터에서 내가 강의하는 내용을 인터넷에서 봤다고 했다. 그 도서관에서는 8~10주로 할 강의를 계획하고 있었는데, 현재 진행하는 프로그램을 도서관에서도 그대로 할 수 있냐는 문의였다.

그런 연락이 온 게 너무 신기했다. 내가 했던 강의를 다른 기관에서 하게 될 줄 몰랐다. 도서관에서 하는 새로운 강의 기회가 눈앞에 열렸다. 나는 〈엄마표 책 육아〉와 〈그림책과 함께하는 집안일 놀이〉 두 가지 내용으로 강의하기로 했다. 이미 다른 곳에서 했던 강의였기에 바로 진행할 수 있었다. 어떤 분들과 함께하게 될지 궁금했다. 두근거리고 설레었다.

도서관 강의를 기획할 때도 방식은 같았다. 줌 온라인 강의와 오픈채팅방에서 함께 하는 형식이었다. 오픈채팅방에서 실천하는 내용은 강의마다 달랐다. 〈엄마표 책 육아〉는 아이에게 하루에 책 1권 읽어주기였다. 그리고 3주 차에는 《어린 왕자》를 필사했다. 이때 필사를 처음 해보는 분들이 많았지만, 새로운 도전에 잘 적응했다. 참여하셨던 분이 강의를 좋게 평가해주셨다.

"선생님의 강의는 쉽고 실생활에서 바로바로 적용해볼 수 있었어요. 막막함도 해소되고요. 아이도 나도 잘하고 있다는 성취감도 올라오는 기분이었어요."

〈그림책과 함께하는 집안일 놀이〉에서는 성공감사일기 쓰기를 했다. 오늘 성공한 것 1개, 감사한 것 1개를 일기에 쓰는 과제였다. 거기에 아이와 할 수 있는 집안일 놀이도 편안한 마음으로 참여하도록 했다. 많은 분이 집안일로 아이와 놀 수 있다는 생각의 전환에 놀라워했다.

"오늘 강의는 저에게 딱 필요한 수업이었습니다. 강의 듣고 힐링했습니다."

8주 강의를 다 끝내고 도서관 담당자는 내년에도 또 강의를 의뢰하고 싶다고 했다. 강의를 들은 분들의 만족도가 높게 나왔다고 전해주었다. 듣고 잘 실천해주셨던 분들에게 감사했다. 그동안 해왔던 온라인 모임 경험이 오픈채팅방에서 유익하게 쓰였다. 경험한 시간은 헛되지 않았다. 오히려 더 많은 것에 도전할 수 있도록 밑바탕을 만들어준 것이다.

2021년 6월에는 도서관에서 북스타트 후속 교육으로 〈토닥토닥, 엄마 육아〉를 했다. 하루에 10분 시집 필사하기를 과제로 냈다. 오랜만에 시집을 읽은 분, 그리고 시집을 처음 읽는 분도 있었다.

"나만을 위해 하루 10분이라도 시간을 내는 것이 이토록 필요한지 몰랐어요. 앞으로도 꾸준하게 나를 위한 시간을 낼 거예요."

강의에 참여하신 분들의 한결같은 반응이었다. 엄마가 되어보니 내 시간은 없었다. 오로지 아이만을 위해서 하루를 다 쓰고 있었다. 그러다 보니 나를 위해 무언가를 한다는 것부터 어색했다. 거기에 시집이 웬 말인가! 책을 꺼내 볼 틈도 없는 것이 현실이었다. 그랬던 분들이 조금씩 바뀌는 경험을 하고 있었다. 그들이 4주 차 강의를 듣고 해주시는 말들은 내 마음에 감동으로 다가왔다.

"만약에 내가 이 강의를 신청하지 않았다면 4주가 어땠을까요?"

"저는 강의 듣기 전날이 넷플릭스가 종료된 날이었어요. 그래서 연장해야 했어요. 강의를 안 들었으면 연장해서 드라마 봤을 거예요. 지금 드라마 대신 시집을 보게 된 게 뿌듯해요."

"저는 강의 첫날에는 다른 일정으로 뒷부분 30분은 들을 수 없었어요. 그러다가 제가 생각지 못하게 일을 그만두게 되었어요. 그다음부터 강의 전체를 다 들었어요. 아마 이 시간이 없었다면 일 그만두고 너무 우울하다며 지냈을 거예요. 시집 읽으며 나를 위한 시간을 보낸 게 좋았어요."

나는 강의를 시작할 때 이렇게 물어본다.

"저를 알고 오신 분 있으신가요? 저를 이미 알고 계신 분은 손 들어 보시겠어요?"

그러면 드는 사람이 별로 없다. 당연한 일이다. 나는 유명한 강사가 아니다. 둘째 아이를 낳은 뒤에 휴직하고 있는 평범한 사람이다. 그런 내가 도서관에서 부모교육을 할 수 있게 된 이유는 하나다. 내가 육아 책을 썼기 때문이다.

강사가 누구인지 잘 모르는데 오신 분들에게 감사했다. 내가 드린 과제를 인증하는 것을 볼 때마다 감동했다. 그분들이 강의를 듣고 느낀 점을 나눌 때 나도 모르게 울컥했다. 내 마음 같은 말들, 나도 그렇게 느꼈던 말들을 나눠주셨기 때문이었다.

나는 강의하고 있다. 그러나 나도 그분들과 같은 마음이었다. 아이를 키울 때 느끼는 어려움, 외로움, 고단함은 엄마라면 누구라도 느끼는 감정이니까. 하지만 이제는 그 감정에만 머무를 수 없다. 지금의 나보다 조금 더 성장하는 시간을 보내시길 바라는 마음으로 매시간 강의에서 메시지를 전한다.

나는 어떤 주제로 강의하더라도 기승전결 '엄마의 성장'으로 결론을 내렸다. 먼저 육아의 의미 변화부터 말했다. 육아는 단순히 아이만 키우는 행동이 아니었다. 아직 덜 자란 나 자신도 같이 키우는 여정이었다. 아이와 내 안에 있는 또 다른 아이가 균형 있게 자라는 과정이었다. 이를 위해 필요한 건 엄마 자신을 위한 독립된 장소와 시간. 아이에게만 매여있는 것에서 조금은 나를 생각해보는 것으로 전환하기였다.

하루에 10분이라도 엄마 자신을 위해 따로 시간을 내야 한다는 것을 강조했다. 그리고 그때 나를 성장하게 하는 활동인 나만의 미라클 타임을 하도록 독려했다. 이를 위해 강의에 참여하시는 분들이 자기에게 맞게 습관 만들기를 하시도록 안내했다.

미라클 타임에서 제일 중요한 건 '꾸준함'이다. 꾸준하게 하려면 나에게 맞게 정해야 한다. 남이 좋다고 말해도 나에게 맞지 않을 수 있다. 그걸 구분하려면 조용히 나를 생각해보는 시간을 가져야 한다.

"인간 정신은 타인의 생각을 소유함으로써가 아니라, 자신만의 판단 기준을 세우고 자신만의 생각을 생산함으로써 비로소 참된 자유를 얻는다."

《기탄잘리》로 동양인 최초 노벨문학상을 받은 타고르가 말했다. 자신만의 생각을 창조하는 행동이 나를 자유롭게 할 수 있었다. 그래서 내 생각을 깨우기 위한 시간을 냈고, 고전이나 시집을 읽고 필사했다. 그리고 내 마음을 기록했다. 생각 깨우기에 함께 참여하는 시스템으로 만들었다.

그동안 온라인 모임을 하면서 내게 일어났던 변화를 전해주고 싶었다. 그런 내 마음이 참가하시는 분들에게 전달되었나 보다. 나는 강의 평가에서 좋은 점수를 받았다. 이건 도서관 강의만이 아니었다. 복지관 강의에서도 결과는 마찬가지였다. 그리고 대부분 오픈채팅방 운영을 만족스럽게 평가했다. 결과를 받을 때마다 감사했고 내가 하는 일에 의미를 느꼈다. 행복했다. 내가 한 게 틀리지 않았다는 것을 알았다.

무엇보다 변화를 만들기 위해 가장 필요한 건 "괜찮아요, 잘하고 있어요."라며 토닥여주는 따스한 위로와 칭찬이었다. 이 한 마디는 내게 작게 성공해보는 경험을 안겨주었다. 그리고 이는 뭔가를 꾸준하게 해낸 나를 대견하게 바라보는 눈길이기도 했다. 모두가 동일하게 느끼는 마음이자, 통하는 부분이었다. 사랑, 위로, 존중, 공감이 바탕을 이루었을 때 함께하는 힘의 영향력은 더 커질 수 있었다.

"그들에게 좋은 일이 생기면 그들과 함께 기뻐하고, 나쁜 일이 생기면 그들과 함께 슬퍼해라. 이런 식으로 너는 그들과 동행해야 한다."

《키로파에디아》에 나오는 글이다. 나는 다른 이들과 오늘도 함께하며 울고, 웃고 있다. 내가 도서관의 인기 강사가 될 줄 몰랐다. 강의하는 기회가 주어진 하루하루가 신기하고 감사하다. 앞으로도 강의에 오신 분들을 위로하고, 토닥이고, 힘을 주며 동행하려고 한다.

내 강의를 듣는 분들이 나다운 미래를 만들어 가시면 좋겠다. 자신에게 맞게, 자신의 속도대로 써나갈 스토리가 궁금하다. 나는 바란다. 강의로 인연을 맺은 분들이 성장하는 시간을 보내기를. 우리 모두 자기만의 미라클 타임으로 빛나는 결과를 만나기를. 그분들에게 그런 소식을 듣는 날이 오기를 꿈꾼다.

3
내 꿈은 언제나
현재 진행형이다

　나는 특수교사란 직업을 갖고 난 뒤로 딱히 이루고 싶은 꿈이 없었다. 임용시험을 합격하기만 하면 되었다. 그다음은 어떻게 살지 진지하게 생각하지 않았다. 최대한 정년퇴직할 때까지 일하면 되니까. 어떻게 살지 고민할 필요가 있을까? 그냥 아침에 일어나서 출근하고 퇴근하면 되지. 인생 뭐 있나? 다 그렇게 사는 거 아니겠어. 내가 이루어야 할 목표는 다 이루었다고 여겼다.

　딱히 승진을 생각하지 않았다. 많은 교사 중 단지 몇 명만 올라갈 수 있는 자리에 관심이 가지 않았다. 그곳은 경쟁이 치열했고, 나는 그다지 가고 싶지 않았다. 오히려 처리해야 할 일과 책임져야 할 일도 많은 그곳이 내 눈에는 매력적이지 않았다. 게다가 나는 승진할 만한 능력이 있는 사람도 아니었다. 그러다 보니 일찌감치 마음을 접었다. 그 자리에 가겠다고 아등바등하며 뭐 그렇게 힘들게 사나. 그냥 오늘 출근해서 별일 없이 퇴근하면 되는 거였다.

내 앞에 가야 할 곳이 뚜렷하게 보이지 않았다. 어느 순간 신나는 일도 없었다. 사는 게 재미없었다. 출근, 일, 퇴근만 반복하는 게 지겨웠다. 교사로 살면서 돈 벌면 행복할 줄 알았는데… 엄청나게 신나서 출근하고 일할 줄 알았는데… 시간이 갈수록 그저 쳇바퀴 돌듯 살고 있었다.

목표 없이 사는 건 재미없었다. 나는 영어라도 손 놓지 않아야겠다고 느꼈다. 그래서 영어 학원을 다녔다. 하지만 딱히 영어 실력이 느는 것 같지 않아 몇 달 다니다가 그만두었다. 전화 영어를 하는 게 더 나을까? 화상 영어를 신청했다. 처음에는 외국인과 만나 이야기하는 시간이 즐거웠다. 하다 보면 내 회화 실력이 늘 것만 같았다. 그런데 몇 개월 뒤에 그만하고 싶어졌다. 그래서 거기서 멈추었다.

이번에는 운동이라도 해서 체력을 키워보기로 했다. 수영, 필라테스, 헬스, 요가, 방송 댄스까지 배워봤다. 운동을 하면 내 생활에 활력이 생기고 체력도 좋아질 것 같았다. 그러나 할 때뿐이었다. 이상하게 운동에 등록하면 일이 바빠졌다. 퇴근할 때는 파김치가 된 기분이었다. 피곤했다. 운동하러 가지 않았다. 그러다 보니 남은 건 신용카드 고지서에 나온 다음 달 청구 금액뿐이었다.

차라리 진득하게 뭘 좀 배우면 나을 것 같았다. 작품을 만드는 게 성취감을 느낄 수 있어 보였다. 갑자기 공예 활동에 끌렸다. 펠트 공예, 인형 만들기, 미싱까지 배웠지만 마찬가지였다. 모두 몇 달 다니기만 했다. 자격증을 따지도 못했고 집에 재료만 쌓였다. 사놓고 완성하지 못한 것뿐이었다.

악기를 배우면 괜찮을까? 피아노와 기타를 배웠다. 두어 달 다니고 때려치웠다. 한자 능력 시험을 좀 볼까 해서 준비했다. 6급을 따고 그 뒤로 도전하지 않았다. 어쩜 이렇게 뭐 하나 제대로 끝을 보는 게 없는 걸까. 돈만 쓰는 내가 한심했다.

삶은 공허했다. 내가 살아있으니까. 그냥 살았다. 그래도 늘 뭔가는 열심히 했다. 남들 눈에는 내가 열심히 사는 사람으로 보였다. 하지만 해내는 게 없었다. 단지 시작하기만 할 뿐이었다. 누가 시작이 반이라고 했는가! 할 때뿐인 것을. 차라리 시작을 안 하는 게 더 나았겠다. 이토록 자신이 한심스럽게 보이지는 않았을 테니까.

결혼하면 뭐가 더 나아질 줄 알았다. 이렇게 서로 사랑하는데 같이 살면 얼마나 재미있겠어? 만난 지 6개월 만에 초스피드로 결혼했다. 그것도 내 착각이었다. 결혼하니 내가 해야 할 일이 더 늘어났다. 둘이 버는데도 늘 돈이 부족했다. 쪼들리며 사는 기분이었다. 거기에 두 아이를 낳고 보니 재정 상태는 더 열악했다. 이제는 돈도 없고 시간도 없게 되었다. 아이들을 돌보는 것만으로도 지쳤다. 나를 위해 뭔가를 하며 산다는 걸 생각할 수 없었다.

늘 우울했다. 내 눈에는 뭐 하나 도와주는 게 없어 보이는 남편, 때마다 다양한 문제로 나를 힘들게 하는 첫째 아이가 원망스러웠다. 둘째 아이는 예뻐 보이지 않았다. 무엇보다 작은 것에 감사하지 못하는 내 태도가 마음에 들지 않았다. 머리로는 아주 잘 알고 있었다. 내가 가진 것을 보고 감사해야 한다는 것을. 나는 충분히 가진 것이 많은 사람이라는 것을. 그런데 그걸 감사하지 못하는 나 자신을 차갑게 비난했다.

억지로라도 감사하려고 노력했으나 크게 변하지 않았다. 자꾸 수렁에 빠졌다. 나도 그러고 싶지 않았지만, 자연스럽게 남들과 나를 비교했다. 나보다 나은 사람들을 보며 질투하는 감정만 더 생겼다. 지금 나에게 없는 걸 원망했다.

바뀌고 달라져야 한다고 느꼈다. 이런 생활을 반복하고 싶지 않았다. 도대체 무엇부터 하면 좋은 걸까? 인생에서 목적과 목표가 없다는 것은 바다에 둥둥 떠 있는 뗏목 위에 사는 느낌이었다. 어디로 가야 할지 도대체 모르겠다. 살아있어서 그냥 사는 거였다. 아이들을 키워야 하니 그냥 버티며 키우는 거였다.

그래서 니에게 주어진 3년 휴직이라는 한정된 시간 동안 하나씩 바꿔보고 싶었다. 전과 다르게 살고 싶었다. 처음 참여했던 온라인 독서모임에서의 첫 번째 과제가 2~3년 뒤 목표, 3개월 뒤 목표, 그리고 지금 가지고 있는 소양과 앞으로 개발해야 할 소양을 쓰는 거였다. 그때 머리를 맞은 기분이었다. 그동안 목표 없이 살았다는 것을 알았다. 앞으로 어떤 모습으로 살면 좋을지 생각한 적이 없었다. 나는 그때 진지하게 고민했다. 진짜로 무엇을 하고 싶은 걸까?

내 삶의 목적과 목표를 찾는 여정이 그렇게 시작되었다. 남들에게 보여주기 위한 책 읽기를 멈추고, 나를 제대로 바꾸기 위한 독서를 하게 되었다. 조금씩 생각이 깨어나면서 잠들어 있는 나를 일으키게 되었다. 지금 상황에서 할 수 있는 것부터 했다. 신기하게 정말 이루고 싶은 것들이 하나씩 내 눈앞에 나타났다.

크게 생각하지 않고 시작했다. 고민한다고 바뀌는 건 없으니까. 뭐가 맞는지는 해봐야 아는 거니까. 그러다 책까지 쓰게 되었다. 그러면서 내 생활, 고정관념이 확 바뀌었다. 새로운 꿈과 목표가 생겼다. 그동안 내가 제대로 끝내지 못한 이유를 알게 되었다. 나에게는 인생에서 정말 이루고 싶은 목표도, 방향도 없었던 거다. 그동안 한 것은 영혼 없이 돈만 쓴 자기계발이었다. 그러니 종목을 아무리 바꾸어도 내 인생에서 변화가 없었던 거였다.

나는 진짜 하고 싶은 일을 만나면서 달라졌다. 글을 쓰겠다고 새벽 4시에 일어났고 그렇게 2년 동안 책을 3권이나 썼다. 지금 네 번째 책도 쓰고 있다. 그동안 뭘 시작하면 끝을 보지 못했는데 책 쓰기는 달랐다. 이것만큼은 제대로 해내는 사람이 되고 싶었다. 두 아이를 키우면서 시간을 쪼개고 집중했다. 다른 시간에는 할 수 없어서 무조건 새벽 시간을 활용했다.

책을 쓰고 난 뒤에 나에게 일어나는 일들이 신기했다. 내가 상상해보지 못했던 것들을 경험하게 되었다. 재미없던 내 삶에서 흥미로운 사건들이 계속 펼쳐졌다. 비로소 내가, 내 인생을 기대하기 시작했다. 앞으로 어떤 일이 생길지 두근거리고 설레었다.

나는 새벽 4시에 기쁜 마음으로 책상에 출근한다. 내가 하고 싶은 것이 있고, 몰입해서 할 일이 있는 이 시간이 좋다. 날마다 같은 일만 반복한다고 생각했던 하루. 재미없다고 느꼈던 하루가 이제는 다르게 다가온다.

오늘 하루는 나에게 어떤 선물이 될까? 돌아보면 똑같은 날이 없었다. 날마다 다른 사건이 일어났다. 내가 눈을 감고 있어서 보이지 않았다. 이제는 눈을 뜨고 나를 관찰한다. 어떤 일이 배움이 될지 발견한다. 알 수 없는 오늘에 두근거린다.

가장 먼저 긍정확언을 쓴다. 내가 원하는 것, 바라는 것, 되고 싶은 것들을 선명하게 그린다. 모든 일은 나에게 딱 맞는 시기에 일어날 것이라 믿는다. 지금 당장 의미를 알 수 없는 일이 생겨도 괜찮다. 하나씩 편안히 맞이하면서 배우면 되니까.

"내 생각엔.. 별이 반짝이는 건 언젠가 모든 사람이 자기 별을 찾아낼 수 있게 하려는 것 같아. 내 별을 봐. 바로 위에 있어."

《어린 왕자》에서 어린 왕자가 한 말이다. 내 별도 하늘에서 반짝이고 있다. 찾아낼 수 있도록 오늘도 반짝거린다. 그동안 보려 하지 않아서 발견하지 못했다. 지금은 바로 내 머리 위에 있는 별을 본다. 그 빛을 따라 나에게 맞는 인생을 만들어 간다. 그동안 일어났던 모든 일은 내 별을 찾게 해준 이정표였다. 내가 어디로 가야 하는지, 어떻게 살아야 하는지를 알려주었다. 새롭게 꿈꾸고, 나만의 목표를 향해 살아갈 수 있도록 도와주었다.

내 꿈은 언제나 현재 진행형이다. '다른 사람에게 좋은 것을 주며 성장하는 사람'이 되는 꿈은 계속된다. 내가 하늘에서 반짝이는 별이 되는 날까지. 별을 보며 걸어간다. 삶이 나에게 주는 과제를 있는 그대로 온전히 받아들인다. 거기에서 할 수 있는 것을 도전하며 모든 과정에서 나답게 사는 법을 배우고 있다. 오늘도 나에게 맞는 걸음으로 성장하고 있다. 내 삶은 내 위에 뜬 별처럼 빛나고 있다.

참고도서

게리 켈러, 제이 파파산, 《원씽》, 구세희 옮김, 비즈니스북스(2013)

공자, 《논어》, 김원중 옮김, 휴머니스트(2020)

김경일, 《이끌지말고 따르게 하라》, 진성북스(2017)

김경일, 《적정한 삶》, 진성북스(2021)

김경일, 《지혜의 심리학》, 진성북스(2017)

김미경, 《김미경의 리부트》, 웅진지식하우스(2021)

김상운, 《왓칭》, 정신세계사(2011)

노자, 《노자 도덕경》, 김원중 옮김, 휴머니스트(2020)

니컬러스 크리스태키스, 제임스 파울러, 《행복은 전염된다》, 이충호 옮김, 김영사(2010)

라빌드라나트 타고르, 《기탄잘리》, 류시화 옮김, 무소의뿔(2018)

랄프 왈도 에머슨, 《세상의 중심에 너 홀로 서라》, 강형심 옮김, 씽크뱅크(2011)

리처드 바크, 《갈매기의 꿈》, 공경희 옮김, 나무옆의자(2019)

류시화, 《지금 알고 있는 걸 그때도 알았더라면》, 열림원(2014)

마르쿠스 아우렐리우스, 《명상록》, 천병희 옮김, 숲(2017)

몽테뉴, 《몽테뉴의 수상록》, 정영훈 엮음, 안혜린 옮김, 메이트북스(2020년)

박경리, 《토지》, 마로니에북스(2012)

박시현, 《나는 된다 잘 된다》, 유노북스(2020)

버지니아 울프, 《자기만의 방》, 이미애 옮김, 민음사(2006)

BJ 포그, 《습관의 디테일》, 김미정 옮김, 흐름출판(2020)

빅터 프랭클, 《죽음의 수용소에서》, 이시형 옮김, 청아출판사(2005)

사이먼 사이넥, 데이비드 미드, 피터 도커, 《나는 왜 이 일을 하는가 2》, 이지연 옮김, 마일스톤
(2018)

샤이니아, 《탈무드》, 홍순도 옮김, 서교출판사(2019)

스티븐 기즈, 《습관의 재발견》, 구세희 옮김, 비즈니스북스(2018)

시라토리 하루히코, 《니체의 말》, 박재현 옮김, 삼호미디어(2019)

아트 마크먼, 《스마트싱킹》, 박상진 옮김, 진성북스(2012)

앙투안 드 생텍쥐페리, 《야간비행》, 용경식 옮김, 문학동네(2020)

앙투안 드 생텍쥐페리, 《어린왕자》, 김미성 옮김, 인디고(2018)

앙투안 드 생텍쥐페리, 《우리가 사랑해야 하는 이유》, 송혜연 옮김, 생각속의집(2015)

애나 메리 로버트슨 모지스, 《인생에서 너무 늦은 때란 없습니다》, 류승경 옮김, 수오서재(2017)

앤젤라 더크워스, 《그릿》, 공경희 옮김, 나무옆의자(2017)

앨릭스 코브, 《우울할 때 뇌과학》, 정인지 옮김, 도서출판 푸른숲(2019)

오기노 히로유키 저, 《에픽테토스의 인생수업》, 황혜숙 옮김, 삼호미디어(2020)

오비디우스, 《변신이야기》, 천병희 옮김, 숲(2017)

웬디 우드, 《해빗》, 김윤재 옮김, 다산북스(2020)

유시민, 《유시민의 글쓰기 특강》, 생각의길(2015)

윤동주, 《하늘과 바람과 별과 시》, 소와다리(2019)

이솝, 《이솝 우화》, 천병희 옮김, 숲(2013)

임성훈, 《하루 한 줄 심리수업 365》, 다른상상(2021)

임종렬, 《모신》, 한국가족복지연구소(2010)

정약용, 《유배지에서 보낸 편지》, 박지숙 옮김, 보물창고(2017)

제임스 클리어, 《아주 작은 습관의 힘》, 이한이 옮김, 비즈니스북스(2019)

조지프 핼리넌, 《우리는 왜 실수를 하는가》, 김광수 옮김, 문학동네(2012)

칼릴 지브란, 《예언자》, 류시화 옮김, 무소의뿔(2018)

크세노폰, 《소크라테스 회상록》, 천병희 옮김, 숲(2018)

크세노폰, 《키로파에디아》, 이은종 옮김, 주영사(2020)

톨스토이, 《살아갈 날들을 위한 공부》, 이상원 옮김, 위즈덤하우스(2008)

플라톤, 《소크라테스의 변명, 향연》, 왕학수 옮김, 신원문화사(2007)

한용운, 《한용운의 채근담 강의》, 이성원, 이민섭 현대어 옮김, 필맥(2005)

할 엘로드, 《미라클모닝》, 김현수 옮김, 한빛비즈(2016)

허두영, 《데일리루틴》, 데이비드스톤(2021)

헤르만 헤세, 《데미안》, 이순학 옮김, 더스토리(2016)

호메로스, 《오뒷세이아》, 천병희 옮김, 숲(2020)

Richard Bach, 《Jonathan Livingston Seagull》, Scribner Book Company(2014)

엄마의 새벽 4시

초판 1쇄 발행	2022년 1월 15일
4쇄 발행	2023년 7월 15일
지은이	지에스더
펴낸이	신호정
편집	이미정
교열	전유림
마케팅	이혜연
디자인	이지숙
일러스트	김미라(그리제)
펴낸곳	책장속북스
신고번호	제 2020-000111호
주소	서울시 송파구 양재대로 71길 16-28 원당빌딩 4층
대표번호	02)2088-2887
팩스	02)6008-9050
인스타그램	@chaegjang_books
이메일	chaeg_jang@naver.com
ISBN	979-11-91836-05-9 (03190)